未读 ADR | 思想家

boredom and the interface

解剖无聊

如果无聊不可避免，我们该如何面对？

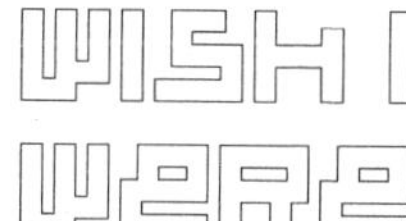

MARK
KINGSWELL

[加]
马克·金维尔
——著

王喆　章倜
——译

天津出版传媒集团
天津人民出版社

图书在版编目（C I P）数据

解剖无聊：如果无聊不可避免，我们该如何面对？/（加）马克·金维尔著；王喆，章倜译．-- 天津：天津人民出版社，2020.6

ISBN 978-7-201-15971-3

Ⅰ.①解… Ⅱ.①马… ②王… ③章… Ⅲ.①哲学－通俗读物 Ⅳ.①B-49

中国版本图书馆CIP数据核字(2020)第075332号

图字：02-2020-89

解剖无聊：如果无聊不可避免，我们该如何面对？

JIEPOU WULIAO: RUGUO WULIAO BUKE BIMIAN, WOMEN GAI RUHE MIANDUI?

出　　版　天津人民出版社
出 版 人　刘　庆
地　　址　天津市和平区西康路 35 号康岳大厦
邮政编码　300051
邮购电话　022-23332469
网　　址　http://www.tjrmcbs.com
电子信箱　reader@tjrmcbs.com

选题策划　联合天际·王微
责任编辑　伍绍东
特约编辑　何　川
美术编辑　梁全新
封面设计　高　熹

制版印刷　三河市冀华印务有限公司
经　　销　未读（天津）文化传媒有限公司
开　　本　787 毫米 × 1092 毫米　1/32
印　　张　8.5
字　　数　140 千字
版次印次　2020 年 6 月第 1 版　2020 年 6 月第 1 次印刷
定　　价　45.00 元

关注未读好书

未读 CLUB
会员服务平台

无聊并没有那么简单：这是没办法的事。哪怕搓手顿脚、千推万阻，（由工作、文本而起的）无聊一旦袭来，我们依旧无处可逃。一如文本带来的愉悦感完全是间接产物，无聊也绝不可能凭空产生：纯粹的无聊是不存在的——如果我个人觉得东拉西扯的文章很无聊，那是因为我现实中就不喜欢东拉西扯。但要是我喜欢闲谈（假设我带有些许女性特质）的话，结果会是怎样呢？无聊同狂喜相差不远：倘若你从快乐的海岸举目远眺，会发现无聊即是狂喜。

——罗兰·巴特，《文之悦》

© LITTIG & CO.

570 odd feet
55 th story
Was up this
last winter

WOOLWORTH BUILDING, NEW YORK.

目　录

前　言

适度无聊乃幸福生活之必需。

——伯特兰·罗素，《幸福之路》

1999年，由英国艺术家马丁·帕尔（Martin Parr）出版的一本书竟出奇地畅销，甚至成为人们茶余饭后的必读书。这本书名为《无聊明信片》（*Boring Postcards*），可谓名副其实：全书厚厚一本，共有160张图片，清一色都是帕尔个人收集的英国生活场景，要多无聊有多无聊。[1] 在这场枯燥乏味的平凡生活的怪诞庆典中，不知名的火车站、砖墙厂房、空无一物的室内空间、汽车旅馆的房间、旅馆的休息室、凄清的邮局、荒凉的高速公路等，全都拥有了一席之地。有些人觉得这本书特别有趣，另一些人则觉得很悲凉。但似乎，没有人觉得无聊——恰与这本书想要表达的主旨相反。

尽管书中的图片毫无疑问都是些乏善可陈的场景和无关紧要的建筑，但确实能够反映日常生活的点点滴滴。对我们很多人来说，这本书令人感到似曾相识，让人深受启发。正如其他现成艺术或是对平凡事物的美学改造一样，该书诠释了阿瑟·丹托（Arthur Danto）口中的“寻常物的嬗变”。通过此书，我们了解到平淡乏味的建筑环境竟如此之多，了解到自身对联系和沟通的渴求竟如此强烈。让我们颇为费解的是：为什么有人会选择停车场或收费公路入口作为明信片的主题？虽然有些场景中能看到人，但多数则是了无人迹的日常光景，仿佛被核弹轰炸过一般。即使他们标榜“民间摄影”这一新颖的概念，以给这些平淡无奇的画面重新定位，凸显其按部就班却又意味深长的憧憬，但展现出的仍是日常生活的单调乏味。帕尔并没有附上什么评注或者理论，只是单纯地让照片自身娓娓道来。

紧接着，帕尔在 2000 年和 2001 年依次推出了《无聊明信片美国版》（*Boring Postcards USA*）和《无聊明信片德国版》（*Langweilige Postkarten*）两部姊妹篇，这一系列由此上升到了新的高度。这下，广阔的高速公路、过路收费亭、机场、过境处、高层公寓、空泳池，还有城郊小区，都成了明信片里的无聊场景。这些明信片集，特别是《无聊明信片美国版》，仿佛将纳博科夫笔下《洛丽塔》中的那些公路旅行片段视觉化了。在《洛丽塔》中，亨·亨伯特（Humbert Humbert）不满地数落着霓虹闪烁的路边小餐馆、连锁杂货店、汉堡店、加油站、汽车旅馆，愈加猛烈地抨击了战后美国及其空虚颓废的繁荣景象。帕尔从未如此吹毛求疵。然而，这部明信片集也流露出了欢快中透着悲情的感觉——我在这里好开心，真希望你也在！真的，我多希望你也在这里，因为少了你的陪伴，我是不完整的。

明信片的出现已经有很长一段时间了，但人们最为之疯狂的时期大约在一个世纪以前，当时非常流行在旅行时把彩印的生活场景寄给尚在家中的朋友和家人。在我收藏的纪念品里，我最喜欢的是一张1912年纽约伍尔沃斯大厦（Woolworth Building）的明信片，这张明信片是我几年前在新罕布什尔州（New Hampshire）的一个谷仓中找到的。一条波浪状的钢笔笔迹标出了高耸的建筑物的顶端，“去年冬天在此登顶”的字迹，记录了仍在农场之人的信息。就连早期照片明信片的色调也是这种熟悉的风格——色彩暗淡，像连环画一样印制粗糙。以至于20世纪70年代后的明信片，虽然表面光滑明亮，但画质依然粗糙，看起来颇不协调，甚至有些不对劲。与此同时，在人们寄出数百万张廉价明信片的时候，便宜的便携式摄影设备使得业余爱好者们能够捕捉到真实的图像，适量打印，并在自己的社交圈内分享：这就是工业时代的 Instagram（照片墙）。在 1905 年至 1912 年，明信片热潮达到顶峰，数百万张明信片被印制并寄出，其中许多明信片和帕尔书里的那些一样无聊。[2]

然而，明信片不仅仅是一张图片。我在书中使用明信片作为文字的视觉补充也是这个原因。这些明信片讲述了一个寻找自我的故事。明信片是巨大系统的组成元素，所谓巨大系统，即城镇农场系统、邮政印刷系统、旅游业和度假系统、亲朋好友同事的系统等。图像实际上只是在这个集体交流行为的庞大网络中，创造了一个微小的个人信号节点，或者说是载体。当明信片被寄出的时候，背面的留言就显得不那么重要了。事实上，任何逛过周日跳蚤市场的人都会知道，许多明信片上面根本没写留言，只写了个地址。寻求联系，才是寄明信片的真实意图。

这本书正是着眼于我们对联系的追求，以及这个欲望网络中所包含的危险和机会。无聊明信片给了我们几个重要启示。第一个启示，无聊明信片实际上并不无聊。这里有一个动态变化：当我们刚看到那些平淡无奇的图片时，会感到不可思议；随后我们会产生与无聊截然不同的欣赏，或者我们也可以称之为与看到旧的信件所触发的怀旧感大相径庭的感觉；紧接着是出人意料的并存时刻，之前的两个想法同时存在于脑中，形成一种美妙的张力。有趣吗？是的。悲伤吗？也没错。迷人吗？绝对的。因此，无聊明信片从视觉上给了我们一些提示，它说明了无聊如何更普遍地发挥作用，或者更准确地说，我们要如何从哲学上的有趣方式来欣赏无聊。培养这种鉴赏力是这本书的主要目的。

无聊明信片的第二个启示，关于我所说的“界面”（Interface）。由于我们所处的世界是由科技主导的，加之我在讨论中会关注许多技术细节，人们往往会认为界面是计算机时代特有的。不单如此，人们还倾向于将“界面”这一概念局限于特定的平台或程序。然而，正如我接下来要说的，单是计算机界面就不只如此，它还包含了用户、用户体验，甚至是使用特定程序时的触觉元素（如滑动、点击、拇指键入等）。推而广之，界面包含了晚期资本主义生活中颇有影响力的社会、政治、经济等因素，既有我们手中或桌上的各类设备所依存的物质条件和日常苦闷，亦包含了我们在使用这些设备时的心理及精神状态。

从更宏观的角度来看，“界面”一词恰当地描述了人类世界的许多非技术元素。比方说，建造可供工作、生活的各种场所必不可少的简单建筑元件，如门槛、门栏、窗户、过道等；以及稍复杂的交互、临界和通行的承载物——正如前文提到的帕尔收录的一系列无聊场景中的收费站、候机大厅、停车场、汽车旅馆房间等。在这些空间中，我们困顿地求解着明信片中欲语还休的信号，变得不像是自己。无聊即受困之感，对如此困顿捶胸顿足，分明地感到从今以后都不想再次受困。无聊明信片（至少乍一看感觉很无聊）把无聊的场景刻画成了幸福本身。

本书中较为广泛适用的例子是海德格尔关于身困火车站之无聊的经典论述。放到现在，我们关注的地点可能变成了机场或汽车站。烦闷似乎无休无止，使出浑身解数也不见其消减，哪怕连上免费无线网、逛逛小商铺来排遣都没用。这些消遣让人完全提不起兴趣，因为我们到那里的目的是去往另一个地方。机场尤其如此，我们甚至可以将其称作“新自由主义火车站”。从本质上来说，这块区域什么也不算，简直就是乌托邦，即无事发生且无事可做的非场所（non-location）。努力全然徒劳，沮丧从未远离。机场存在的唯一意义便是让我们离它而去。[3] 同理，那些随处可见、供我们歇脚的无名旅店、汽车旅馆也是如此。这些千篇一律的客房常常令人感到压抑，但它们也是界面。尽管这些客房都得到了精心布置，住起来也很舒适，我们却总在惦记着赶往下一个地方。从这些地方寄来的明信片上印着旅馆的照片，附着其上的无聊感，着实令人心酸。

有时候，旅馆中的临时淋浴间反倒长久地留存了下来。阿尔弗雷德·希区柯克执导的电影《惊魂记》中，贝茨汽车旅馆的淋浴间便是这样。旅馆老板诺曼·贝茨[1]不仅敏感，还有恋母情结。[4]卷走银行钱款在逃的玛丽昂·克兰[2]就是在这间淋浴间里被他杀死了。老鹰乐队最火的作品《加州旅馆》中，唱的也是这样一座浮夸的旅馆，那里有加冰的粉色香槟和有关奔驰的古怪苦恼。住这家旅馆，你想什么时候退房都可以，但是——剧透警告！——你永远也走不掉。社交平台设计的批评者有时会把让用户难以离开网站的设计恰如其分地称作“加州旅馆”效应：这也是我接下来要讨论的一个主要问题。[5]我们深陷于界面，被困在自己设备的牢狱中不能自拔。

有一个极为生动的例子，在托马斯·曼的小说《魔山》中，年轻的工科学生汉斯·卡斯托尔普（Hans Castorp）在旅

[1] 诺曼·贝茨（Norman Bates），安东尼·博金斯（Anthony Perkins）饰。——译者注，下同

[2] 玛丽昂·克兰（Marion Crane），珍妮特·利（Janet Leigh）饰。

行时途经一家高级疗养院，打算在那里待上三天，最终却着魔了似的在那里度过了七年。疗养院的清新空气有助于治疗肺结核，可他实际上并没有患肺结核病。在这段飞逝的时光中，卡斯托尔普从未切身感觉到无聊，但其实，他在山顶上的这段时光有着某种模糊而抽象的无聊感，那就是对于这种漫无目的懒散状态的满足。为什么他就不能做点什么呢？托马斯·曼认为，时间本身会根据我们的心情和状态延长或缩短。毕竟，七年算得了什么？卡斯托尔普觉得，在这处偏远的临时住所永远待下去挺好的。但面对同样的外在环境，其他人可能会精神错乱。

而在另外一家和哲学写作领域直接相关的旅店，永久性的离群索居可就危险了。1962 年，匈牙利马克思主义哲学家格奥尔格·卢卡奇（György Lukács）用“深渊大酒店”（The Grand Hotel Abyss）的形象，批评了他的理论家同僚们在拥有了终身学术职位后，安逸懒惰。他写道：“包括阿多诺（Adorno）在内的相当一部分德国著名知识分子都居住在‘深渊大酒店’。我对它的描述同时也是我对叔本华的评价：这是‘一个坐落在深渊边缘的美丽酒店，设施齐全，让人尽享舒适，但也充满虚无和荒谬。人们在精美餐食和艺术享受的间隙凝望深渊，心中感到愈加愉悦’。”[6] 卢卡奇认为，即使我们试图自欺欺人地表现出自己从事的是缜密严谨的工作，也会在舒适之中迷失自我。相比卢卡奇，可能我对阿多诺倒还能更包容一些，但我的立场是不变的。正如马克思的那句名言：哲学的意义不在于解释世界，而在于改变世界。

下文中我会列举一些例子来解释这类哲学，不过在此之前，有个小小的巧合有必要提一下。托马斯·曼是卢卡奇最爱的作家，他曾在文学批评中为托马斯·曼做了大量的详尽辩护。事实上，这位匈牙利哲学家据说是莱奥·纳夫塔（Leo Naphta）的榜样。莱奥·纳夫塔是一个严肃、简朴的“犹太－耶稣－马克思主义”学者，他主宰着卡斯托尔普的心智世界，与推崇享乐主义的人文主义者路易吉·塞滕布里尼（Luigi Settembrini）进行过无休止的争论。（纳夫塔后来死于和这位意大利人的决斗。）

最后，我谈一谈情绪。在我看来，所有的书都是在传达情绪，书的内容不断推进，情绪也会随之改变。海德格尔提醒我们，情绪不是简单的心理状态或情感。情绪表达的是我们在这个世界上如何发现自己，即我们的生活过得如何。[7] 情绪是影响人类世界状态的基本因素。我总是有这样或那样的情绪。情绪能够影响并反映我们对这个世界的认知，以及我们如何自处、如何与世界相处。情绪对于人类的生存，对于理解我们的存在和前景都是不可或缺的。因此，在后文中，我将持续更新本书四个章节中每部分主导情绪的状态。我不确定这些更新对读者能否有所启发，但我写出来是为了与读者分享创作一本书时可能所处的某种状态，而这种状态的重要性往往被否认或掩盖，尤其是在学术写作中。毕竟，书是人写的。至少，绝大部分书是人写的……

第一部分

无聊的境况

Cleveland Greyhound Terminal

朋友们，我们可不能说生活是无聊的。

——约翰·贝里曼，《梦歌·第 14 首》（*Dream Song 14*）

然而，在哲学中尚未听闻有哪一个深奥难解的问题不是隐藏在平淡无奇的琐事背后的。

——海德格尔，《形而上学的基本概念》

1. 多希望我也在这里

无聊是人类最寻常的体验之一，却似乎总是让人捉摸不透。我们都知道无聊是什么感觉，但无聊状态的诱因、构成及后果，就远没有那么显而易见了。无聊是休闲放松的产物吗？若是如此，难道真如某些评论家所说，在叔本华的时代之前，没有无聊这种东西？或许，中世纪的“accidie”一词所描述的略带罪恶感又什么都不想做的长期绝望状态，才是无聊真正的前身？无聊所牵绊的究竟是什么？是欲望还是个人处境，抑或两者兼而有之？比方说，当我眼巴巴看着塞满食物的冰箱，却抱怨没什么可吃的，或者当我浏览了上百个有线电视频道却觉得没什么可看的时候，背后究竟是什么在作祟？

因此，对于无聊这类状态，有诸多充满智慧的论述也就不足为奇了。其中既有著名的哲学微传统，亦有探讨无聊的“创造性”潜能的心理学著作。前者至少可追溯到叔本华和克尔凯郭尔时期，其后经由海德格尔流传至阿多诺；后者则在近期颇为流行。[1] 同样，在当代关于技术和文化的论述中，人们常常表现出对无聊所具有的危险的担忧：如何以不同手段对其进行识别并处理？为什么人们认定有必要这样做？

在此前所有的无聊模式中，虽然最终的结果有好有坏，但我们所探究的无聊本身都是稳定的，是可以体验的。也就是说，无论我们是追求无聊、畏惧无聊、驯服无聊，还是咒骂无聊，无聊所暗含的种种主题的哲学地位大多模糊不明，原因在于，我们已经预先假设自己对其了然于胸了。然而，即便在前文所说的这些论述中，或者说尤其是在海德格尔的作品和精神分析的文献里，我们也能感知到事实并非如此：无聊与其说是某个特定情境的特征，不如说是某个人面对该情境时的状态，或仅仅是其意识到自己身处该情境时的状态。

无聊如何帮助我们解读破碎的或协调的主体性及其与幸福的关系？一个世纪前，现代派诗人和艺术家们曾致力于阐述20世纪人类的分裂自我，即新的社会环境及政治背景是如何将原本协调的个体自我撕裂，致使其支离破碎，却又苟延残喘，不至于走向毁灭的。如今，这种挑战又以新的形式逼近，因为我们的自我已成为刻意散布的数据碎片——推特（Twitter）和Instagram上的帖子、购物偏好、文本输入习惯，抓取这些信息的算法似乎比我们本人更了解我们自己。在这种情况下，哪里能指望保持自我的完整性和稳定性？但是，就目前来看，这跟无聊有什么关系吗？我们可以把对无聊这一状态的论述更细致地分门别类，以此来充实答案；或许这里我应该用“这类状态”，因为显而易见，由于批评或（偶尔）用于赞美无聊的理论框架的不同，当下的体验也可能大相径庭。我们必须一如既往地意识到，概念框架，尤其是方法论框架之所以存在，正是为了导出符合其设计目的的那种结果。

但我们所有人，至少是生活在富裕地区、面临更多诱惑的人，都意识到了这个问题。我坐在屏幕前，电视里正在播放网飞（Netflix）的节目，而每隔几分钟我就会听到新邮件的提示音，于是我暂停视频去查收邮件。有时候刚好赶上的话，我会在旁边的电视上看场静音的棒球赛，因为桌上的手机不知疲倦地给我推送朋友们的各种日常琐事的语音留言信息，而其中一些我会回复。我还会在另一个界面上打开网页浏览器窗口，这样一来，如果我想要核实一些事情，就不用折腾我日益衰退的记忆力，还可以在亚马逊网站订购一本几乎被我遗忘的书；或者突然来了兴致，就漫无目的地浏览一连串与我现在所谓的生活关联甚微又转瞬即忘的网页。我没法安心投入任何一件事，更不用说从这些屏幕前抽身离开，回到现实世界。我忧心忡忡、烦躁不安、兴奋过度。由于将精力投入在各种事情上，我正在自我透支。我成了一具僵尸、一只幽灵，被巨大的科技与资本的牢笼束缚，并据称是为了我的舒适和愉悦。可是啊，可是……在这里，我无法找到自我。

为避免麻烦，我得提醒一下，在后文的讨论中会包含很多带有个人主观色彩的内容。尽管时不时会遭遇媒体轰炸，但实际上，我应该算是个新卢德主义者[1]。我从不使用脸书（Facebook）、推特或 Instagram。我确实有一个推特账号，但从没发过推文。我也不发短信，就像抄写员巴特比[2]说的，我不乐意。我有一部技术含量极低的翻盖手机，只有“60 后”才会觉得它“智能”（smart），不过我觉得，从时尚杂志的角度理解这个词倒也说得通。[3] 甚至我的父母上网的时间都比我久。我意识到，这并非大多数人已经拥有或想要拥有的生活方式。但这正是当下争论的重点。当然，我微不足道的抵制并非什么特别的美德，不过是 21 世纪的中年焦虑或学术怪癖的某种表现罢了。身处一个奢侈品普遍泛滥的经济社会，新卢德主义的生活方式反而成了一种反向的奢侈品。

无聊，尤其是被我贴上“新自由主义”标签的那种无聊，其所依赖的力量源于注意力经济的大行其道，而我们大多数人都对其趋之若鹜。社交媒体及其他线上机构利用铺天盖地的娱乐内容和连接、通信服务获取我们的关注。网站的评价

[1] 新卢德主义（Neo-Luddism），出现在 20 世纪末，是一种反对多种形式的现代技术的哲学思想。这些团体和一些 19 世纪卢德主义者的共同特点是捣毁技术设备或弃之不用，提倡简朴生活。以前的工人反对的是机器，而今日的新卢德分子厌恶的是现代工业文明的生活方式。

[2] 赫尔曼 · 梅尔维尔的小说《抄写员巴特比》（*Bartleby the Scrivener*）中的主人公，拒绝做他工作之外的事。

[3] “smart”在英文中既能表示智能，也能解释为时髦。

来自点击率或用户粘性，与此同时，那些贡献关注度的用户则为自己拥有的赞、转发、大量的好友和粉丝而沾沾自喜。以上种种，我们都是在贯行注意力经济。在后文中我将论述，这种怪异的经济现象让我们蚕食自己，并以欲求和关注度为原料制成商品，免费出让。这种现象的根源并不在于某个平台或媒介，而在于界面：一种让个性、渴望、科技和结构性利益相融合的一系列复杂且常常不易察觉的关系。并非所有界面都连接着屏幕，但其必然连接着自我及自我的欲望。我们在注意力经济中的自我商品化行为，让我们不知不觉间成了资本的劳工，同时不断为无聊所累，往往更沉迷于那些信誓旦旦可以缓解痛苦，实则只能重蹈覆辙的手段。我们坐在这里，遮蔽自我，被由我们自己的注意力异化而成的产物从内到外蚕食一空。

以上诸种对界面和新自由主义无聊的批判并非常规的文化批判解读。我认为，由于界面所具有的某些隐性特征，我们有必要对其进行批判性审视。尽管如此，注意力经济有一项最显著的特征，即它关乎意识形态，同时却毫不遮掩。通过利用我们看、说、打字的欲望，社交媒体及网络巨头光明正大地收集我们的数据。只有暗中出售数据才可能令人瞠目，比方说，脸书和剑桥分析公司（Cambridge Analytica）的数据泄露事件。即便如此，由于参议院听证会那“太大而不能倒闭”的逻辑，加上老一辈们对互联网的一无所知，造就了如今的经济形势。[2]毕竟，对于那些接受过基础经济学课程的人来说，一家价值数十亿美元的企业，在不向用户收取任何费用的情况下仍能维持正常运营，实在不可思议。实际上，这是因为，这笔用户费并非以现金形式支付，而是以每位用户的时间、精力和自我为代价支付的。我们觉得这些界面是供自己使用的工具，而实际上，我们正被这些工具使用。在这里，无聊是症状，而不是疾病本身。下面这个隐喻虽有缺陷，但比较实用：精神不安如同病毒处于潜伏期，无聊相当于病症的显现阶段，与界面的黏合则代表感染阶段。或者换个方式，以神话故事来打比方，我们也可以说，无聊归根结底是我们希冀驱走的恶魔、有待抚平的痛楚。然而，我们通常寻求的缓解方法，无非是任由自我冲突的灵魂释放内心的荒芜。

新经济催生新型员工、新型商品及新型的不公正现象。注意力经济的社会成本记录如下：亚马逊产品的打包等体力活动有所增加，而这类工作最终将被自动化、机器人和无人机系统地淘汰；毫无安全保障与基础设施的短期工作和服务工作占多数；因缺乏活动和沉迷屏幕的生活而付出的代价（肥胖症、文盲问题等）虽然目前未成气候，但仍不可小觑。然而，其核心成本或许没有这样显而易见。在后文中，我将更多地谈论工作与幸福之间不断变化的关系；而现在，能注意到无聊不仅仅是想象力贫乏的青少年或想象力过盛的哲学家的专属就够了。当我们成为自己的消费品时，工作的概念已截然不同。在过去，人们认为工作具有类似殖民的力量，它的触角会延伸到对时间的占据和支配，导致工作时间和非工作时间根本不存在明确的界限。然而，我们目前的状况更糟。界面利用无聊，把我们每个人都变成了无薪员工，替那些看似免费实则依赖广告公司生存的平台卖力。我们应该记住，世上没有免费的交易。在这种交易中，你付出的是自己的个性、自由及幸福。

2. 无聊是哲学的源泉？

据我的某位同事说（我还没有去亲自证实），他曾在柏林地铁上看到一幅海报，海报上那位年轻人一脸呆滞，如实地展现了他的脑海里一片空白。海报上有一行配文，可能有点讽刺，“Die Langeweile ist der Ursprung des Philosophierens”（无聊是哲学的源泉）。

当然，“Langeweile”在德语中有着悠久的传统，用于表示一种具有特殊意义的无聊状态；换言之，不仅是因特定的经历或人而无精打采，而是陷入了一种我们完全可以称为“存在主义”的无聊状态。但是，无聊这种存在状态究竟与何者有真正的联结，它究竟是哲学反思的起源，还是现象学中为揭示意识本身的结构而设定的自然态度的框架，答案仍是未知。“起源”的另一种解释是把深度无聊假定为反思的必要条件。这里的反思不仅是与意识相伴而生的负担和天赋，还与生命意义的问题相关。当我们感到极度无聊时，我们是否特别容易受到思想、生命和死亡等重大“哲学”问题的影响呢？

如果一个人提出了这样的主张，那么他不仅要捍卫无聊作为一种哲学诱导体验的地位，而且要将它与其他同样可能是哲学起源的备选项做比较。传统意义上，这些备选项包括：“惊奇”（wonder）——古希腊的惊奇（thaumazein）概念曾出现在柏拉图的对话录中，尤其是《泰阿泰德篇》和《美诺篇》[3]；更直接地对抗死亡的前景——正如西塞罗带有苏格拉底色彩的主张，“进行哲学思考就是在学习如何死亡”。无聊能与这些显然更受认可的权威哲学观点起源论一较高下吗？如果答案是肯定的，那么到底是哪种无聊在起作用？它与我们所说的“日常”无聊或非哲学性无聊有什么不同吗？如果有，差异是什么？另外，我们是应该积极地找寻那些可引发哲学思考的无聊，还是等待着与它们不期而遇呢？是否存在特定的反思机制，能够将无聊转化为更积极、更明确的哲学思考方式？

但是稍等，如果引发哲学反思的无聊与更常见的哲学引发因素实际上相互盘绕或无法分割呢？柏拉图曾听苏格拉底讲述早期古希腊哲学米利都学派代表人物泰勒斯的故事。泰勒斯是天赋异禀的天文学家和自然哲学家，曾因走路时凝视满天星斗而掉进了坑里。他是否因为周围世俗生活的单调乏味而抬头仰望？泰勒斯发现，尘世间有许多事物令他着迷，但最使他为之倾倒的是遥远的星辰之谜和那种对宇宙中人类之渺小的亲切感，即康德崇高理论的早期前身。个体重要性突然减小的那种感觉并不是无聊，但与之相像，就如同我们会看到，拖延和上瘾其实是同源的心理状态。意义从情境中流失，为浩瀚的真实所掩盖。我们缩成了一个小点，日常的思考都被尽数抹去，更不用说“我走在哪里”这类寻常的烦恼。人们通常认为，惊奇使人振奋，而无聊则让人萎靡，但或许，两者比我们通常所想象的更为相似。

在《柏拉图全集》中，其他篇章所论证的“学习死亡”（learning-unto-death）的观点对此有所证实。这种真正的智慧认为，我们身肩的死亡不是一种沉重的负担，而是一项勇敢的使命。苏格拉底这种明显的死亡崇拜倾向思想的乐观版本，是斯多葛派对必将发生之事的接纳，是面对残酷却合理的结果的洒脱，即死亡正如出生之前一样，只是一种非存在的状态。维特根斯坦认为："死亡不是生活里的事件；人是没有经历过死亡的。如果我们认为，永恒不是时间的无限延续，而是无时间性，那么此刻活着的人，也就永恒地活着。"[4]所谓的"学习"，并不是通常意义上的学习"死亡是什么"，而在于学习"如何面对"，即学会从正确的角度看待死亡。维特根斯坦如此强调现世，恰恰反映了其与无聊的共通之处，尽管这大概并非他所愿。我们也许会将"永恒"臆想为"时间的无限延续"——先假设这是一件好事——但无聊告诉我们，这种想法在日常生活中太常见了。毕竟，没有什么比感觉时间似乎会像连绵不绝的旷野一般一直延伸下去更无聊的了：这不是诗人威廉·布莱克口中"一小时里存永恒"的那种对于永恒当下的神性超越，而是一连串令人痛苦的人生低谷，让你一眼望不到头，不给你任何喘息或获救的机会。我的朋友们，这将教会你如何赴死并且着手实施这非事件的死亡，以至于令人反感的、代表着毁灭的死亡，或许变得颇有吸引力了。这就是无聊带来的绝望，它必将让一个人陷入对近在眼前的空虚生活的反思，反思那些支撑我们活下去的惯常理由是多么不堪一击。

尽管如此，将无聊标示为哲学的兴趣，然后像以前那样继续世俗生活，这是很轻率的。这还需要进一步的研究，希望我后续的论述能有所建树。我们必须重视“无聊是哲学的源泉”这一观点，但也要对这种鼓励哲学意义上的无聊的基本主张，适度地保留一些怀疑态度。换言之，当那种往往恼人的甚至是极为煎熬的日常无聊状态向（被推定为有价值的）主动的哲学反思状态过渡时，我们必须尝试着对任何可能包含这种转变的现象学进行重构。这种转变表明：如果哲学思想确实值得培养，那么在人类日常意识的范围内，无聊具有特殊的、至今被低估的地位。

但我们的研究必须慎重。或许在深思熟虑之后，我们称为“反思”的思想状态实际上毫无意义。这种探究思考状态的思考最终或许会揭示一种新的可能：无聊并不能触发深刻的洞见，哪怕它偶尔为之；它更像是一种远程预警系统，防止过度自我关注的意识发生危险。即使哲学试图去明确无聊在与欲望并置时的特殊地位，各种问题也会让时间（以及这一过程中最困难的部分：相关的哲学样态和哲学论述）沦为单调乏味的过程。别具一格的是，哲学的开端也是其归宿。这就是我提出的“哲学式无聊的恶性循环”。

无人能从这一循环中幸免，但是我认为，我们可以或多或少地通过创造性的快乐方式，去应对这个永恒的、不断更新的意识循环。

3. 为什么继续活着

精神分析学家亚当·菲利普斯（Adam Phillips）在他最优秀的一篇论文的开头这样写道：“在繁杂的记忆中，每个成年人都还记得童年那些百无聊赖的时刻，每一个孩子的生活都不时穿插着一个又一个无聊的阶段：身处悬而未决的状态中，事情虽开始了，却没有任何进展，到处弥漫着不安的情绪，同时还夹杂着极为荒谬、矛盾的渴望——对于欲望的渴望。”[5]“对于欲望的渴望”（the wish for a desire）是以异曲同工的方式致敬托尔斯泰对于无聊的双重定义——“对欲望的欲求”（the desire for desires）。这种扭曲的状态不仅限于儿童，尽管看似荒谬、矛盾，却事实上随处可见，亟待解决。欲望用其停滞来对抗自身，这是无聊的开始，而非终结。因此，从欲望的角度来理解无聊，是研究无聊可以引发哲学反思的特殊能力的第一条线索，但其实，还有进一步的线索和更复杂的解决方案来解读意识之谜。

叔本华是研究无聊的鼻祖，是西方传统中第一个认真研究这一状态的哲学家。他意识到，无聊在未来会变得越来越常见。在某种程度上是因为，生活的物质条件为其提供了土壤：新兴资产阶级成了其中重要的组成部分，对他们来说，生活必需品已有了可靠的保障。于是，“想要什么”和“要做什么”的问题已经无法直截了当甚至不假思索地回答出来了。如前文所述，中世纪的哲学家和神学家们曾仔细剖析了“accidie”或萎靡不振这类情绪上与无聊颇有共同之处的恶习。这种晦暗的状态同样存在于希腊和基督教的道德行为观念中，但他们并不认为这是一个人对其社会和文化处境做出的完全合理的反应，是一种情感和存在状态，而是认为这是一种精神的衰竭，因为它会妨碍人们履行义务的决心。

20世纪中期，埃里希·弗洛姆[1]注意到，人类与其他生物不同的地方不在于直立的站姿、对工具的使用抑或是笑的能力，准确来说，不同在于人类是唯一能够质疑自己的意图的生命形式，这是幸运也是不幸。弗洛姆在《为自己的人》一

[1] 埃里希·弗洛姆（Erich Fromm，1900—1980），美籍德裔犹太人，人本主义哲学家和精神分析学家。

书中这样写道："人类是唯一一种将自身存在视为问题的动物，而且这个问题他必须解决、无从规避。"这呼应了早期存在主义的洞见，直面了他所认为的"生产力瘫痪"（paralysis of our productive powers）。这种"生产力瘫痪"源自无聊的经历，是这个问题不可避免的一部分。[6]弗洛姆认为，无聊是人每天都要经历的遭遇。他写道："我深以为无聊是最恐怖的折磨之一……在我看来，人若久困无聊，便是身处地狱。"[7]

这一切都在叔本华开创性的研究中有所预示，他先于后人一个多世纪预测了弗洛姆所代表的那种对舒适的工业化社会存在的剖析。叔本华在《作为意志和表象的世界》一书中说："人生如同钟摆，在痛苦与无聊之间来回摆动，而这两者实际上也是它最终的组成部分。"无聊"绝不是一种可以轻视的罪恶：它最终刻画了绝望真正的面容"。[8]一旦一个无聊的人开始阅读，他就会经历某种精神上的冲突，一种"停滞"。为了从痛苦中寻求解脱，人们转而去寻求刺激。然而，由于没有特别想要去支持或主动反对其他任何一方的欲望，人们又陷入了一场无望的自我斗争：徒有决心无处施展，空有能量却无原料。无聊，从最简单的意义上说，是一种自我矛盾的欲望形式，会导致人们无法做出任何带有目的性的或快乐的行为。无聊所传递出的炼狱般的感觉和真正的绝望，在很大程度上是平淡乏味的环境造成的。为什么我就是不能想要些什么呢？为什么我就是不能做些什么呢？

我们可能都非常熟悉这种经历：面对书架上各种各样的书，却没什么想看的；身在长途汽车旅行中，却陷入了一种静止的状态，没有任何东西能让我们把目光从窗外连绵不绝的景色中移开；在排队的人群中，在医生办公室或候机室的等待中，消耗时光；吃完一顿孤独的晚餐后，度过无所事事、闷闷不乐的漫漫长夜。无聊有时如同经历一种时间的深渊，是一种对时间流逝的敏锐意识；它是单纯的持续时间的存在性变体，能够将这种稀松平常的经历深化为一种仿若永无休止的徒劳等待，而这种等待弥漫于大脑之中并且主导着意识。[9]正如我们所看到的，在某些方面，无聊具有成瘾的特征，特别是在社会条件的积极滋养中，这些条件可以从持续发作的无聊和刺激中获取利益。危险之处在于，这样的无聊经历会降低主体的抵抗力，增加存在的风险。与古典作家描述的平静、绝望的时刻迥然不同，我们可能会认为成瘾的人过得很舒服：即使他无力解决，至少他知道自己的问题是什么！

我现在把这些和欲望及时间性有关的线索分开，因为无聊的经历，特别是在探讨其触发哲学思考的能力时，既不简单也不统一。无聊确实提供了一个进行深刻自我反思的机会，更广泛地说，也为哲学研究提供了机会。在这里，“反讽”有充足的发挥空间，这可能是体验哲学式的无聊所必不可少的能力。克尔凯郭尔在《非此即彼》一书中，以A的口吻说道：“有经验的人认为，以原则作为出发点是非常明智的。我赞同这一点，而我作为出发点的原则是：所有人都是无聊的。”[10]书中接着提出了一个全球性的无聊理论，与叔本华十五年前的哀叹遥相呼应：

> 世界正在倒退，邪恶越发猖獗，那么这些又有何奇怪的呢？毕竟无聊势头正盛，而无聊正是一切罪恶的根源。这一点可以追溯至世界的起源。众神很无聊，所以他们创造了人类；亚当孤身一人觉得无聊，所以夏娃诞生了。自此，无聊来到世上，并且随着人口增长，成比例地递增。先是亚当一个人无聊，然后是亚当和夏娃一起无聊，接着亚当和夏娃、该隐和亚伯一家人都无聊，再然后人口增加，人们陷入了集体无聊。[11]

很少有人能够将形而上学如此生动全面地呈现出来。

A所说的话进一步表明，鉴于这种状况无法摆脱，那么最好的应对策略就是克尔凯郭尔著名的“轮作”（crop

rotation）概念——随意地做出决定，以戏弄敏感的人“为乐”，以及其他类似的消遣。A 在这里犯了双重错误。

其一，他没有认识到，虽然确实有无聊的人，但是无聊的定义或许也因人而异。可能每个人都在某个时刻被母亲训诫过：只有精神穷困或懒散怠惰的人才会经常感到无聊。这里化用贝里曼诗歌的核心内涵作为警句：承认自己感到无聊是一种自我控诉，即自己本身很无聊。事实虽并非如此，但它包含了一种深刻的见解：有时真正的问题在于自身，而非外物。

其二，更严重的是，针对这种觉得所有人都很无聊的状态，A 提议用随机的或反复无常的欲望来代替他们实际缺失的欲望或兴趣。我认为，将无聊描述为“本质上十分可怕”，犯了根本性错误：这就等同于认为，对缺乏具体欲望的停滞状态的解决办法，就是找到某种欲望，或者说随便什么欲望，来填补最表面的空白。但是，这样被发掘或炮制出来的欲望将不可避免地带有武断或虚假的一面，带有它试图掩盖的绝望的污点。此外，这种伪造的欲望往往无法真正满足欲望和行为有意义的背景要求，因此也无法带来心灵和谐的快乐。相反，正如经验所示，无聊的躁动只会通过其他方式继续；我们在各种欲望中辗转，却无法满足于其中任何一个，总是欲求不满。

无聊不是那么容易被打败的。

在克尔凯郭尔的《非此即彼》一书中，法官威廉（Judge William）对 A 的回答，正是对过于简单的无聊反对论的一种抨击。他指出，只有具体的道德行动才足以克服无聊的停滞状态。在某种程度上，这是克尔凯郭尔长期以来对黑格尔派辩证唯心主义的反感造成的。这意味着，所有精神或思维中的冲突状态都会被分解成新的无效的综合体。但出于同样的原因，这也是克尔凯郭尔反讽概念的一个特征。事实上，我们在他早期的一部作品中发现了一个关于无聊的复杂见解，也就是以他本人名义（而不是用他的各种化名之一）发表的作品《论反讽概念》。在文中，我们发现了这样一个有力的论断："无聊是反讽家唯一贯穿始终的特性。是的，无聊是一种永恒的空虚，一种没有享受的幸福，一种浮于表面的深奥，一种饥饿的饱腹感。"[12] 这或许会被视为《非此即彼》中那篇"万恶之源"论述的前身，但我更喜欢以一种积极正面的方式来阅读它。反讽家们冒着无聊的风险，但我们可以说，这是一种积极的无聊、一种激进的反讽。不同于纯粹的消极反讽所带来的空虚、无聊，这可能会带来行动。[13]

生活下去的任务真的是所有任务中最艰巨的吗？何苦呢？请注意，幸福感太少或太多都有可能导致这种绝望感。如果生活是一个乌托邦，在那里，“烤熟的鸽子飞来飞去……人们会因无聊而死或者上吊自杀”[14]——叔本华写这个主题时，援引了《安乐乡》（*Land of Cockaigne*）里的一个标准景象。反讽家的回答是，我们实际上已经身处“安乐乡”，在那里，几乎所有的欲望都能得到满足，欲望也因此在不安的虚无中与流逝的时间相纠缠。有趣的问题不在于这种世俗的绝望状态是否会导致一场哈姆雷特口中的可悲结局——试图以自我毁灭的方式来终结欲望和时间。

更有趣的是一种明显不合常理的事实：更多人不会结束自己的生命，而是会继续忍受无聊，即便它会破坏一种连贯的自我意识以及自我与世界的重要联系。毫无疑问这是一种线索——虽然是一个黑暗且相当令人生畏的线索——它证明，相较于我们自己的恐惧，无聊更加意味深长。哲学在此诞生，因为日常欲望的深渊体验恰恰是在这里直面意义问题。

4. 停滞不前

在众多承袭这一思想的哲学家中，海德格尔是最为杰出的一位，即哲学是从无聊中发生，以焦虑的形式呈现的。该讨论的核心出现在他1929年至1930年的讲座中，后来讲稿被整理出版——《形而上学的基本概念：世界、有限性、孤独性》。[15]在海德格尔创作《存在与时间》之后、战后晚期作品之前，该系列讲座之所以能够闻名于世，是因为其中广泛地记录了他关于最深刻的哲学问题的微妙思想。其中一个关键章节有至少数百页都在写无聊。

在这一大段着实会偶尔略显无聊的讨论中，海德格尔列举了三种无聊形式，指出了看似日常的体验所致的不断加剧的紧迫感。简要来说，我们可将他口中三种形式的无聊概括如下：第一，延长等待下的无聊，即时间在我们面前延伸的感觉，由某种经历或世界的特征引起；第二，普遍的、略显意外的无聊，通常是后知后觉的，它与世界某一具体特征无关，而与时间跨度有关；第三，所谓根本上的无聊，即涵盖了“此在”对于自我存在的认知全过程的体验式无聊。

探究前两种无聊形式所选用的具体事例是海德格尔这个讲稿中最为生动的。他用日常生活中的场景来讨论等待的无聊（此处原文使用的当然是“Langeweile”一词），具体如下：某人误了火车或弄错了火车时间而不得不等候搭乘后续班次。事实上，我们可以说即使（或尤其是）开走的是末班车，在火车站专门指定的候车室里，我们除了等待别无他法，而这种等待体验是一种特殊的负担。“如何摆脱我们自己所谓的‘时间被拉伸，变得漫长（lang[1]）’的那种无聊（Langeweile）？”[16] 这个设问包含了巨大的日常绝望，因为我们根本无从逃脱。这种无聊是绝对无法避免的。海德格尔说：“这种‘深度无聊’是‘基本情绪’。由于无聊之下时间变得漫长，我们打发时间以掌控自己的时间。我们觉得时间变得漫长。那么，时间应该是短暂的吗？我们每个人不都希望自己的时间可以长长久久吗？可每当我们真的感到时间漫长时，却会通过打发时间来遏制这种感觉！”[17]

这一有关时间长短的悖论揭示了无聊的重要性所在。我们感到厌倦，意味着我们对世界的体验感到不安。我们在时间里停滞不前，或许还会徒劳地责怪火车站，责怪那不近人情的列车时刻表让我们沦落至此。不论旅途多么短暂或目的地多么名不见经传，迫切要启程的欲望折磨得我们痛苦不安。海德格尔说道：“深度无聊——一种乡愁，而乡愁——有人说过，哲思也可以被推定为一种乡愁。无聊——哲思的基本情绪。无聊，到底是什么？”[18] 现在，这个问题本身展现出某种绝望感：无聊究竟是什么？正如海德格尔很快提出的，这“几乎

[1] lang，德语词汇，意为“长的”。

显然”与时间有关。而这种关系反过来揭示了三重性问题：世界、有限性、孤独性。为了看清这个问题，我们不仅需要抵制将无聊赶走的念头（也可谓诱惑），而且要避免将无聊和我们设想的无聊起因画上等号，这一点更是难上加难。这正是海德格尔区分“厌倦”（boredom）和“乏味”（boringness）的关键本质所在。

我们可以把任何事物假定为无聊的起因，这也属于无聊在意识层面持续产生的影响。无聊的是火车站本身，还是戏剧、晚餐的同伴、政治演说？这个错误的认知会让人错失机会。借用与海德格尔的存在主义现象学论述略微脱节，但在此处颇为贴切的话来说：试问“我感到厌倦”这句话的言外之意是什么？一方面，这是一种自我反省式的怨言，即当下我正经历无聊。而另一方面，这听起来是在含蓄地要求停止无聊，要求设想中无聊的起因（甚至可能是当下的对话者或同伴）别再无聊下去了。

当所有事物都可能被（也许是错误地）视为某人无聊的起因时，这种要求是否还能保持一致呢？依循斯坦利·卡维尔（Stanley Cavell）提出的道歉的生效机制的理念，我们不妨将其称为“过渡性”无聊。即是说，有些无聊依赖于无聊事物与无聊感知者之间的复杂关系，而无聊的体验不仅仅是一种孤立的心理状态，它是这种关系结构的一部分。摘自金斯利·艾米斯（Kingsley Amis，他本人就是一位研究无聊的现象学家，可能不太专业，却十分专注）小说的一例如下："格雷厄姆（Graham）极其严肃地说：'因为我觉得她很无趣，我妻子时常责备我。她似乎从未想过这可能是因为她自己本身就令人厌倦。'他挪动了一下，面对着帕特里克（Patrick）接着说，'在她看来，她令人厌倦是我一手造成的。'"[19] 我们旨在对格雷厄姆的诉苦表示同情，也就是说，我是支持以下观点的：第一，无聊是有客观标准的；第二，他的配偶因为自身的无聊而客观上违反了这些标准。过渡性无聊的意味则要复杂得多：无聊至少是二元的，它是无聊之人碰上让他感到无聊的事物后的产物。中间环节通常是最重要的，但对它的研究却是最少的。换句话说，人们究竟为什么认为某些事（可能是任何事、任何人的体验）是无聊的呢？

二元结构的轮廓随着文化甚至语言的改变而改变。爱德华·圣奥宾（Edward St Aubyn）的小说《别在意》（*Never Mind*）中的某个人物说过，英国上层阶级尤为无聊的原因在于，他们不想被人认为自己很无聊，他们"对成为'一个讨厌鬼'极度恐惧，于是以各种无聊的方式孜孜不倦地勉强逃避这种命运"。[20] 另一个人物则说："只有英语中存在某人是个'讨厌鬼’这种说法，例如成为律师或糕点师，把无聊延伸到某种职业上去，而在其他语言中，某人只是无聊而已，是一种暂时的状态。”前者回应道：“人们针对的是‘ennui’。”然而，第三个人物（一个受够了英国人的种种自嘲的美国人）反驳道：“当然……‘ennui’一词不仅仅是我们的老朋友——‘无聊’的法语，还是多金又傲慢的无聊，是‘万事皆无趣’，因此显得我极其有趣。”[21]

的确，无论英语名词多么变幻莫测，都没法翻译出这个法语单词所描述的无聊形式，这自然有它的原因。说到这里，人们不禁想到那些在普鲁斯特和于斯曼的小说中出现的一系列精致讲究而无聊的唯美主义者。后来，奥斯卡·王尔德和哈罗德·阿克顿对这种人物也颇为追捧，但伊夫林·沃通过塑造安东尼·布兰奇（Anthony Blanche）[1]这一人物，表达了轻微嘲讽。安东尼·布兰奇这个结巴的花花公子慵懒地通过扩音器向一群呆头呆脑的大学生吟诵 T. S. 艾略特《荒原》中的片段，寻思着能在大学校园的喷泉边认识几位肌……肌……肌肉发达、在运动场上活力四射的男……男……男生。查尔斯·赖德（Charles Ryder）是这个关于宗教信仰与

[1] 出自《旧地重游》，又译《故园风雨后》。

酗酒的古怪故事的第一人称叙述者。他起初认为，布兰奇摆出一副拖腔拉调的悲世悯己优越感挺有趣的，但最终还是变得反感。

或许这种“高级”无聊的英式（或者说比英式更英式的）表现，其实说到底仅仅是无聊而已？或者更糟，这可能是一种圈套，在对话中通过滔滔不绝的谈话和自我陶醉来吸引对方，使他难以脱身。专注于自我的人无论多么博学多才，都会像醉汉一样——一切都围着他们转。正如金斯利·艾米斯的儿子马丁·艾米斯在他一部截然不同的小说《夜车》里所写的那样，坐在酒吧凳子上喝得烂醉的哲学家最令人头疼。故事的叙述者是一名正在旅店酒吧蹲守嫌疑犯的女警探。“此刻他兴致高涨，对着女招待污言秽语、讥讽嘲笑，”她说道，“紧接着他又来叨扰对这一切视而不见的酒保：问这孩子的感情经历，问他的‘非凡成就’，就像一个站在船头的女人。天哪，醉汉简直太讨人厌了！酒保太了解这种讨厌的家伙和无聊的感觉了。毕竟这是他们的工作，逃也逃不掉。”[22]

或许我们会注意到，这则故事的主题恰恰就是那种存在主义的绝望，对幸福之人极具威胁，悲伤之人却能幸免。一桩无法解释的死亡事件，看似是自杀，驱使着叙述者进入上文中监视着嫌疑人的场景。叙述者监视下的家伙，是个住在二流度假酒店里的醉醺醺的浪荡子，像病毒、恶臭一般四处散发自己的无聊气息，美丽与智慧并存的受害者珍妮弗·罗克韦尔（Jennifer Rockwell）绝不会是一个抵挡不住他那种虚无缥缈的诱惑的人。不，她选择自杀是出于更形而上的原因，即对自己太过完美的生活感到别无所求——美丽的外表、聪明的头脑、成功的事业、与英俊的哲学家男友的幸福爱情生活，一切都很完美。珍妮弗的父亲是警察局局长，他对女儿的死感到十分痛苦，派遣前凶杀案女警探迈克·霍利亨（Mike Houlihan）去找出凶手。然而，找到的只有珍妮弗自身的"ennui"与空虚。

迈克是个正在戒酒的酒鬼，她对自杀再了解不过了。关于自杀的数据她了然于胸——因为模仿他人而自杀的，因为近距离接触而自杀的，因为职业易感性而自杀的，因为使用抑制剂而自杀的，这当中，她最了解的可能是镇静剂的影响了。她坦言，酗酒是一种"分期付款式的自杀"——这一描述早期也曾用于菲茨杰拉德等人。珍妮弗的死并非药物依赖造成的"分期付款"式的死亡，但她的自杀动机在常规的心理学文献中也无处可寻。换句话说，如果这种无聊正是一种分期计划的谋杀呢？如果我们那细若游丝的生活纽带，哪怕是幸福生活的纽带，被这种在浩大的宇宙中无足轻重的感觉压垮，又将如何呢？如此看来，要想结束这种平凡生活带来的折磨，遏制对肉眼凡夫的惩罚，唯有自杀这一条路了。是的，如果这套死亡逻辑既能说服那些看似幸福美满的人，也能使那些在生活中受侵害、受压迫的人信服呢？人真的会无聊至死吗？迈克·霍利亨梳理了珍妮弗这种虚无主义式自杀的头绪，发现了一连串伪造的线索、借口和荒唐可笑的事——珍妮弗留下这些谎言，是为了让迈克或其他人可以借此来安慰她那痛不欲生的父亲。但这种刻意创造合理性的叙述是虚假的，迈克知道这一点。“我还能告诉他什么呢？”在小说的结尾，迈克黯然自忖道，“先生，您女儿没有任何自杀动机。她只是有自己的高标准——我们无法达到的那种高标准。”[23]

关于意义和重要性的高谈阔论，是冷漠的宇宙所嘲笑的。因此，像迈克这样的戒酒者可能会被这一系列可怕的事驱使，为寻求那种虚假的慰藉而重染酒瘾——这也是生活中所有问题的缘由所在，也是这些问题的解决之道。[24]于是那些深感无聊的人因为终日嗜酒，变成了无趣的人。这也是在迈克和其他很多案例中都曾展现的——充满活力的人是如何慢慢死去的。

5. 这一切的意义是什么

海德格尔提出的第二种和第三种形式的无聊，锲而不舍地在寻求这些问题的答案，并不满足于仅仅用贵族式无聊（甚至可能是冒充贵族的、赶时髦式的无聊）的解释来扬扬自得地敷衍。第一种形式的无聊中最重要的例子，无疑是在火车站度过非常乏味的“空置时间”的经历：“在这里能待多久啊！这段时间足以让我们讨厌所有的火车站。”[25]但第二种形式其实更有趣。“有人邀请我们晚上外出……所以我们一起去了。寻常的食物佐着常聊的话题，整晚的安排食物可口、品位不俗，无论是我们之间的交谈、交谈的对象以及当时用餐的包间，都没有丝毫让人觉得无聊。我们也因此心满意足地回了家……然而随后，一种感觉突然袭来：我觉得整晚都很无聊，这种宴请很无趣。”[26]海德格尔求解心切。“这是怎么回事呢？”然而，答案当然也是显而易见的：如果说第一种形式的无聊主要是因为时间拖得太久而沮丧，那么这种形式的无聊就表明，心情愉悦却漫无目的地度过的时间也是一种无聊。简言之，说到时间，我们对其的消耗往往只是一种浪费；而现在我们感觉不到沮丧，确切地说，是因为我们浪费时间的过程悄无声息、不易察觉，这就像一种预防药物，用来避免无聊的广泛传染。

因此，这种“更深度的”无聊形式，尽管其本身可能起不到什么作用，有一部分原因是当下并没有什么让我们感到特别无聊的东西，但是它会无情地逼迫我们直面悄然流逝的时间。用海德格尔的话说，“以一种随意的方式”漫谈生活，最终必然迫使我们明确一点：无聊源于此在的时间性。如果第一种形式的无聊看似来自外界，那么第二种形式显然是来自此在的内在召唤。

下面探讨第三种形式的无聊，也是唯一一个能有效激发真正哲学态度的无聊。海德格尔颇具讽刺意味地将“伴随我们的假期而来”用学术术语表达——指出了哲学中特有的那种全面的无聊。他说，这种无聊与任何例子或经验无关，而是可以由“这很烦人”（It is boring for one）[27]这个短语来概括。走在城市里很烦人，读一下午的书很烦人，安排和完成一顿家庭晚餐很烦人，甚至待在这里就很烦人。不言而喻，这种厌烦没有“解药”，我们别无选择，逃离不得，也无法智胜。这下，沮丧和厌倦恐怕要第一次被某种绝望感替代了。约翰逊博士（Dr. Johnson）有句名言：“当一个人厌倦了伦敦，他就厌倦了生活。”完全准确，因为这座伟大的城市带给我们源源不断的客观刺激。更准确地说，刺激的终止意味着对时间存在本身深感不安。海德格尔指出，这种空虚“使一切事物举足轻重也好，微不足道也罢，都没什么区别了”。[28] 一旦价值衡量标准受到了打击，生活本身会变得一文不值。

当然，好消息是对于海德格尔来说，“这种‘这很烦人’的局面无论从什么深处出现，都不具有绝望的特征”。[29] 这里的客观的“人”（而非“我自己”）表示一种原始状态，不是一种痛苦状态，而是此在这个操作系统的一个基本特性。现在，“我们可以赋予‘无聊’这个词，也就是德语的‘Langeweile’更本质的含义”。也就是说，“在无聊中，尤其是当‘一个人感到无聊’时，此在的时间变长了……这段时间的延长是时间范围的延展，但这种延展并没有带来此在的解放或卸下了负担，而是恰恰相反，抑制了此在的延伸”。[30] 有人可能会认为，海德格尔所说的“无聊压抑，但不危急”相比于维也纳的讽刺谚语“情况危急，但不严重”，缺乏后者的释放性的讽刺。然而，虽然这里确实没有释放性，但有另一种智慧。总而言之，就像他的原文中照例用斜体字所表达的那样：“*无聊推动了出神的此在进入视觉时刻，亦即此在存在的合理的真实可能性。*”[31] 无聊这种对世界的普遍冷漠感，迫切地提出了哲学的基本问题。“这些不仅仅是书本问题或文学问题，也并非属于某些运动或哲学流派的问题，而是此在本身的本质需求所带来的问题。”[32]

最后的点睛之笔，海德格尔巧妙地反驳了那些从博学和“阅读并回顾哲学文献”的意义出发，认为哲学也回答了同样的问题的人，他们认为哲学也是一种克服困难或减轻负担的尝试。“只有通过对哲学本身进行哲学探讨从而体验其本质时，我们才能知晓哲学的本质……哲学只有如此才能被克服。”确实，这里有一种“放手”的意味，即“只有当我们不做反抗，这种深度无聊才会觉醒”。[33]

因此，哲学的基本问题产生于无聊，虽非唯一的因素，却持续不断。何谓世界？何谓孤独性？何谓有限性？错过一班火车或挨过一次愉快却乏味的晚宴这类“平淡无奇的琐事”首先揭示了存在的深层核心，揭示了存在于此的“问题的深层困难”，随后便是存在本身。

6. 意识试验台

关于无聊的存在主义论述放之诸处皆可，却缺乏结构专一性，可以想见，阿多诺对此大抵会颇为厌烦。阿多诺晚期的一篇精妙而古怪的名为《自由时间》(*Free Time*)的文章有阿多诺本人对无聊的内涵描述，但没有提及海德格尔；相反，阿多诺转而抨击了影响更久、更易入手的哲学家叔本华，谴责他盲目地认为应该将工作和休闲之间矛盾对立的特定状态理解为人类困境的基本状态。[34] 他指出："叔本华在年轻时就提出了无聊理论，正如他的形而上学悲观主义所言，他教导说，人们不是因盲目意志的欲求得不到满足而痛苦，就是因欲求得以实现而转眼便觉得无聊了。"[35]

叔本华创立意志和表象的理论时，年仅26岁。同样身为少年天才的尼采对这一理论十分重视，因为它表达了一种强烈的欲望：这种欲望升华成为哲学神经症，以禁欲主义的形式激发了一种可预见的自我保护姿态。阿多诺并未效仿这种方式进行心理学分析，而是指出了把自我状态认定为普遍状态的基本问题。阿多诺认为："人们不应该认为叔本华的学说具有切实的普适性，更不应该把它看作一种对人类原始特性的见解。"相反，运用更具体的文化唯物主义范畴，我们应该看到"无聊是生活的一种产物，存在于工作的强制性和严格的分工下。其实我们无须如此"。[36]

无论是以上诊断，还是结构安排的建议方案都很平常。事实上，《自由时间》简短而有效地提炼了阿多诺文化批评中所有独特且有趣之处的精华。该文的基本主张众所周知：在后资本主义背景下，工作理念的力量如此强大，以至于工作以外的时间也被效用、同化和周而复始的消费循环等命令占据。所谓的自由时间——周末时间或下班后的时间，那些说着“谢天谢地，今天周五了”的时候和休闲时间——其实根本不自由。希腊式理想的真正意义上的休闲（古希腊语中的“σχολή”），意味着除了对终极实在的思考之外，完全无忧无虑的时光。与之不同的是，所谓的自由时间是有先决条件的、绝望的。阿多诺说：“自由时间受制于它的对立面，它所处的对立关系确实赋予了自由时间某些本质特征。”[37]这些特征包括这样一种错误的观念，即自由时间在某种深层或切实的意义上是娱乐性的，而实际上，它为大量错综复杂的工作本身充当电池充电站。阿多诺在这篇文章中继续写道：“（自由时间）取决于社会条件的总和，这种社会条件继续让人为之着迷。”

因此，自由时间作为工作组织的时间霸权的对立面，甚至可能作为一种颠覆性的挑战的这种表象，被打破了：事实恰恰相反，两者是同盟者，是同一枚意识形态硬币的双面。“因此，自由时间并不仅仅是和劳动针锋相对。在一个充分就业本身已成为理想的制度下，自由时间只不过是劳动阴影的蔓延而已。”[38]这可怕至极，但在这一内部矛盾的新构想中，质疑的希望尚存。“自由时间”——阿多诺用讽刺的引号（我们现在称为“着重引号”）把这个短语括起来——“正逐渐趋向于其自身的对立面，并且正在成为对自身的一种嘲讽。因此，不自由正逐渐吞噬着‘自由时间’，而大多数不自由的人对这一过程并不知情，正如他们对不自由本身并不知情一样”。[39]人们一旦察觉到这一点，扮演着劳动世界隐形管家的自由时间之束缚也许就会土崩瓦解。

然而，阿多诺立刻，或许说如出一辙地粉碎了他自己的理论希望。在某种程度上，这来源于他自己根深蒂固的知识精英主义。他指出，许多人声称在自由时间享受“爱好”，例如人们想象中摆满木工用具的地下室，或堆满高尔夫球杆和钓竿的棚屋这些场景，而这些“爱好”只是使人们忘却了自由时间的不自由。因此，我们能想到的关于“爱好”的最具理论意义的定义之一就是：“‘爱好’这个表达相当于一个悖论：人类将自我视作具体化的对立状态，是受到全面干预的总系统中，一片不受外界干扰的生命乐土，而现下又将自身具体化，正如劳动和自由时间的明确分化。”[40]相比之下，阿多诺则把时间花在阅读、写作和听音乐上。这些不是爱好，而是思想活动。

总之，阿多诺想表达的大致是：“我是阿多诺，你们可不是。你们有你们的爱好，我有我那严肃级别更高一等的思想娱乐。所以就这样呗！”这是相当一部分人会不自觉做出的错误举动，也难怪它如此有吸引力，连皮埃尔·布尔迪厄（Pierre Bourdieu）都会用这一套来抨击所有这些涉及品位范畴的自我原谅的价值判断。[41] 知识分子所利用的盲点，范围最广且最难理解，他们认为良好的品位促使自己卓尔不凡，这天生就是合理的，其他人则不然。然而，就价值而言，人与人的爱好之间无高下之分，甚至就阿多诺本人关于“自由时间”之不自由所做的论述而言，更是如此。

我不想对此观点大加批驳，但必须指出，阿多诺的自我褒扬影响了之后对人们度过非工作时间的方式的评判，并最终让我们开始思考他关于无聊的论述。他的论述有不少可取之处，甚至让我们接受了通往无聊之路的不稳定状态。打发了一般爱好后，仍有两种娱乐项目尤其让阿多诺怒火中烧、嗤之以鼻：露营和日光浴。前者在阿多诺的论文创作之时非常受欧洲年轻人的追捧，然而无论是在其他当代派别（例如新兴的情境主义运动）还是在看起来理论性较弱的观点（例如早期自然保护运动）中，它都饱受非议：战后的露营风潮被视为空洞而肤浅。有批评称，现代露营声称追求真实，实则虚张声势，表面上打着“回归自然”的旗号，实际上只不过是一轮轮常规的生产与消费循环之下的附属品，尤以我们称为“工具色情”（gear-porn）的形式为甚。露营打造出的自然世界和威廉·特纳（William Turner）画中的日落如出一辙：将自然世界商品化并框定好以便于人们接受和消化。

如我所言，这是人们熟悉的领域，而且当前人们对此的主要兴趣可能还仅仅是因为最近关于露营的思考迎来了颇多反击［例如马修·德阿瓦伊图亚（Matthew de Abaitua）对此所做的研究[42]］。至于阿多诺抗拒日光浴的理由，可以说更古怪。在他眼中，这种对自由时间的厌恶清晰地佐证了黑格尔提出的那种看似高级的意识状态，其实际却是抽象而空虚的概念。我们大可对他的基本控诉进行恰当引述：“举个典型事例来说，有些人一心为了晒黑，在阳光下把皮肤烘烤成棕褐色，虽然顶着毒辣的太阳打盹儿毫无愉悦感，很可能身上难受，心里也不好受。”而他的最后一句话未加证实，就连解释也不是很充分，他匆匆地接着说：“在妩媚动人的日光浴里，商品拜物主义占据了人们内心；随后，他们自己也成了被迷恋之物。拥有棕色皮肤的女孩更加性感可能只是另一种自圆其说的尝试。晒黑即是其目的本身，其重要性远超原本追求的对男友的诱惑力。”[43]

光是这里的细节，都会有人提出异议，更别说这篇文章中那些未经质疑的意识形态假设，尤其是关于性别角色的假设；但这正是人们必须攻破现代无聊堡垒的关键所在。“阳光下打盹儿这一行为标志着当下自由时间的关键因素——无聊，已经到达了顶峰。”[44]人们在空闲时是如此无聊，以至于他们有时甚至都不曾察觉这一事实。周末活动中的一些时而狂热的娱乐消遣里，我们可以观察到阿多诺和海德格尔察觉到的那种意识的游离。在露营和一些安静的爱好等这类相对平静的消遣活动，以及日光浴这种看似漫无目的、浪费时间的消遣活动中，急于逃离的冲动再寻常不过，却被半梦半醒的政治设想所掩盖，即工作时间与自由时间看似势不两立，实则同声相应。说到这里，阿多诺的重要贡献在于，他发现了难缠的欲望不是人类固有心理的产物，更不是人与时间性的基本关系下的产物，而是特定的、变化无常的社会条件的产物。正如法兰克福学派那类文化批评作品中经常提到的，最根本的是对解放的诉求。或者准确地说，是对自我解放的诉求。阿多诺力所能及之处也仅限于对现代生活的愚蠢倾向做出尖刻的评论。日光浴者必须自我唤醒，挣脱晒黑乳液和可可油软膏的镣铐！与此同时，那张收费的日光浴床只不过是政治意识的坟墓！

这一切看似勉强还过得去，但我们其实正面临着一个司空见惯的困境，或者说是一个残局。对日常生活各个方面进行批判性理论反思的“顿悟”时刻，本质上似乎并没有让解放的可能增加分毫。即使对那些日常活动持高度批判的态度，我们也确实并不会认定解放是一种科学的方法。有时候，可能仅仅别去晒日光浴就足够了。虽然我们会对这些警告予以赞同，但看到阿多诺从无聊经历中发展出哲学甚至是政治动向，还是令人振奋的。无聊是政治性的，因为它说明了与我们同在的空虚和非自主性的本质。阿多诺说：“如果人们能够主宰自我和生活，并且没有陷入一成不变的境地，无聊就不是一种必然状态。无聊是对客观乏味的反映。正因如此，其处境类似于政治冷漠。”[45]

最后，无聊最恶劣之处，也许是它让我们忘却从某种方式而言，无聊是政治性的。那就是，在一种不思考、不渴望的低吟中，以一种极其有害的假性意识形态折磨着生活在“自由时间”枷锁下的人们。阿多诺下定结论：“由于没有意识到政治与自身利益的相关性，他们放弃一切政治活动。这种无力感是有据可循的，或者说实际上是神经质的，与无聊密切相关：无聊是客观的绝望。然而，它也是个体因社会整体而蒙受畸变所显现的表征，其中最重要的当然是想象力的损坏和衰退。”[46]

针对上述问题，最慎重的回答大概是：如果情况是真的，这就很重要。然而，有个问题仍悬而未决，一个被阿多诺自己关于无聊状态下人们头脑中神经质空虚的假设所阻碍的问题，那就是想象力畸形是否真的是由无聊状态导致的。我认为答案是否定的，但是重申一下，我并不因此而否认阿多诺为无聊与哲学之间的关系所做的贡献。相反，在关于无聊本身的探索中，我们不难看出，自我意识并不是将意识困于自我抵消的空虚中的牢狱，而很可能是一个用来测试阿多诺所担忧的那种政治想象的可能性的试验台。再次强调，随着新的拐点出现，无聊非但不是尾声，反而是序幕。

7. 学会等待

当代心理学和神经科学似乎证实了更偏文学性的 20 世纪的哲学观点，但这种方式的奇特性并非前所未有。2014 年的一项研究指出："自相矛盾的是，无聊其实也是我们行动的动力或催化剂。无聊可能会刺激我们去重新装修房子、培养一个新的爱好或找一份新的工作。这种感觉随即会激发人们去寻求挑战，而这就是矛盾的关键所在——许多人认为，无聊会让人变得无精打采，但实际上，它却会带来满满的活力，激励人们去寻求‘改变和丰富性’。”[47]

如今这些提倡创造性无聊的人无疑是看到了无聊的激励作用，他们认为无聊是沉思态度的起源（或许还是哲学沉思态度的起源），或者说仅仅是一种克服所谓的“无精打采”状态的激励。关键结论如下：“（有证据）表明，无聊有时可能是一种正向的力量。这意味着，在工作、教育和休闲中允许甚至欣然接受无聊的存在可能是一件颇有价值的事。就个人而言，如果一个人试图解决问题或想有创造性的解决方案，我们的研究结果表明，去做些无聊的事（尤其是阅读）可能有助于带来更具创造性的成果。”[48] 当我们更深层地去研读那些心理学文献时，我们会发现，这其实是一种补救行为，它将无聊深入人心的消极特征重新定义为可以产生创造性思维的机会，借此掩饰其消极的一面。这与白日做梦、放飞思维、头脑风暴，以及其他“跳出桎梏”或“横向思维”的策略无甚区别。尽管我们称其为“策略”，然而实际上，这种对无聊的补救性驾驭或驯服行为无法做到真正哲学意义上的无聊所能够实现的功能：没有对未来的解脱，只徒增新的焦虑。所谓的创造性无聊只是漫不经心地对待无聊，只是急切地重塑无聊的形象，以此来回避无聊的恶性循环——其自我更新和日益严重的没完没了的无聊体验。不要害怕！无聊看似讨厌，却也是创意产生的关键！

这是一个大错特错的想法，尤其错在它试图巧妙地规避亲身经历无聊时那种真正无聊的体验。与之相反，哲学意义上的无聊其实并没有因为其哲学性而减轻无聊的程度。海德格尔对这点深以为然：无聊是哲学的起源，因为它迫使我们去思考某些问题；但它既是起源亦是终结，因为对无聊的理论研究并不能给我们带来任何解脱。这就好比我们试图从哲学层面去理解常识那样矛盾：我们对这两个极为相似的范畴研究得越多，对其的理解就会变得越不寻常。这位哲学家面临着特殊的困境——他或许比任何人都更清楚地认识到，一个人若想了解周遭的世界，必须让其完全保持原样，即便他/她颇为不安地认识到，哲学研究恰恰没法任由事情自由发展。

更糟的是，我们渐渐意识到，在尝试理解这个世界、领会我们对世界的体验的过程中，无聊是一种必然，以便让我们更充分地感知世界的微妙变化。著名的分析哲学家蒂莫西·威廉森（Timothy Williamson）非常清晰地阐明了其中的利害关系。他在一本名为《哲学之哲学》（*The Philosophy of Philosophy*）[49]的大部头著作中这样写道："对长久艰苦的专业性思考缺乏耐心的人是肤浅的，尽管他们会时常假意鼓吹深度来稍加伪装。”因此“对于那些注意力只有片刻之久的人来说，严肃的哲学可能始终是无聊的”。这一亟待处理的内在现象，并不仅仅出现在海德格尔这派哲学家身上。威廉森断言：“甚至在分析哲学中，因急于求成而‘打不到本垒’的也不少……细节没有得到应有的重视：关键的主张模棱两可；一成不变地对待完全不同的表述方式；例证阐述不足，论点草率了事，结构不加阐释等。”

人们不禁会问，分析哲学中的“打本垒”究竟是指什么？众所周知，分析哲学的枯燥和专业性让人望而却步，但常规的利害关系存在于所有类型的哲学争论中。“粗制滥造的作品有时会披上自命不凡、引经据典、精辟扼要或不拘小节的外衣来掩饰自己。但世上没有完美的伪装，只不过生产方和消费方没有花足够的精力来核实这些细节。”这种窘况需要特殊对待，在威廉森看来：“我们需要耐心这样的朴实的美德，通过它来帮助我们阅读和编写哲学。哲学难解，因此必须结构明晰。我们需要严于律己，绝不满足于那些读起来有趣却又不合标准的散文。”总而言之：“总是因害怕自己或读者感到无聊而提心吊胆，是不会得到真理的。”（这本厚重著作的一篇书评讲到，“威廉森完全看穿了”那种恐惧。[50]）

有人不禁会说，这个结论得出得太快、太投机取巧了——

这是一块充满矛盾的“本垒”，提倡的是双重性哲学无聊。这一结论似乎至少是一条潜在的后路：如果有人顽固不化地认定这本就是无聊的，那为何还要花精力去解释哲学问题的吸引力、价值或迫切性呢？不，先别急。关于无聊的哲学思考以及作为哲学起源的无聊，都为此加码，并阐明了问题所在。哲学理应是晦涩难懂的，但这并不意味着它必然也是枯燥的。换言之，关于无聊的恶性循环这一问题，还有一种更先进的观点，这种观点超越了威廉森对于无聊的耐心美德，但又没有排除威廉森的观点在特定讨论中的有限价值。

我认为，此处的关键是要放弃把无聊变为一种美德的内心冲动，所谓的创造性观点和一些哲学论述对此都有提及。无聊会让人心生不悦、无精打采、灰心丧气，有时甚至会给我们带来痛苦。我们不应幻想从这种负面的经历中产生积极的结果，从而治愈这一经历——这是新的创造性观点或者说是哲学见解。事实上，正是无聊所带来的持续性痛苦，使它具有了激发哲学态度的潜力：除非我们真的在现实生活中有过（短暂的）无意义的糟糕经历，否则我们就不能质疑世间的意义是如何存在的。可以说，无意义的生活现实是研究意义可能性的必要条件。若不同意，无非是抵挡不了诱惑，选择了更为高端的逃避无聊的方式，例如加入极度活跃的社交圈，沉浸于纷扰的媒体信息，不知疲倦地投身于任何可以让人随便做点什么、想点什么的活动——当我们困身于漫长的地铁旅程时。

换句话说，我们必须学会等待，培养一种法式的“savoir-attendre”（懂得等待）姿态。就像居伊·德波（Guy Debord）在《景观社会》一书的结尾所倡导的：“因此，在假意对抗疯狂行为的姿态中，疯狂行为重现。相反，超越景观的评判必须明白该如何等待。”[51] 对景观的草率评判，其实仅仅是以一种混沌不清的新形式重蹈覆辙；与之相反，有效的评判必须耐得住性子——不过可别和威廉森的循序渐进的专业性苦差的定义混为一谈了。

同样，尤其在相同的文化和政治领域，无聊的主要智慧并不体现在无聊能够激发的哲学见解中，哪怕这些见解颇为重要。无聊的价值实际上恰恰在于坦然接受这种独独能让无聊情绪蓬勃滋生的等待过程。尼采在《敌基督者》[52] 中认为：与无聊做斗争，即使是神也束手无策。

正是如此。在这个问题上，上帝救不了我们。我们只能自救——不是通过与无聊做斗争，指望最终能击退它、战胜它，而是带着些许敬畏，响应它缓慢而持久、耗人心力的召唤。唯有如此，我们才能开始进行哲学思考。请威廉森见谅——

走运的话，这种哲学思考的产物本身就不会枯燥乏味；不过也不能打包票，而且讽刺的是，因哲学论述而感到无聊可能是真正哲学态度的核心源泉之一。至少，一代又一代的学生都有这样的经历，他们身陷密不透风的大教室里，困惑自己为何在此……

8. 无聊分类

在以上初步分类的基础上，现在我们不妨在下文阐明无聊或无聊的本源和功能的精确分类。但凡要进一步阐释关于无聊的论述，或更准确地说，让无聊回归到政治问题这个我眼中的正确属性上来，都有必要对无聊进行这样的分类。也就是说，我想要将新自由主义无聊这一当代特殊现象与其他形式区别开来，而后探讨这种形式的无聊与当代自我和忧愁状态的错综复杂的联系。其他形式的无聊，特别是所谓的创造性模式的无聊，将在后文的探究中被不断提及。诚然，以下概念类别并不像严谨的哲学分析所推崇的那样一成不变或滴水不漏。作为类别，它们照例能够回溯性地发掘恰当的证据来支持随之产生的概念框架。然而，新自由主义无聊的形成既有意识形态性又具有概念性，因此，如果它的存在没有这样明显，其深层影响很容易被忽视。综上所述，在我们继续讨论无聊之前，有必要将无聊总体结构中的这些线索梳理清楚。在我看来，无聊可以划分为五种不同的形式或样态。

（1）作为哲学起源的无聊

上文的探究都是集中在这一类无聊或者对无聊的理解上。因此，在简单地总结这一类无聊后，我将详细阐述我想要另行探讨的其他四类无聊。侧重各异的对于无聊的标准哲学解释，都普遍具有一种轻微自我陶醉的腔调。说到这儿，我们知道，叔本华、克尔凯郭尔和海德格尔都是其中的杰出代表，他们都认为主观上不悦的无聊体验具有哲学启示性。简言之，这个概念的意思是，感到无聊的体验引发了存在主义危机，严重到足以让一个随和的人产生自我怀疑。为什么我的欲望像一团乱麻，我连一个清晰连贯的想法都挤不出来，只能跌跌撞撞地不断面对僵局？有一种说法颇有道理，无聊这种状态只有在现代才会出现——人们的欲求不必目标明确，也可以意图模糊地打发时光。我们还可以更进一步地说，无聊或许是当代人生活的基本特征，因为它标志着自我因如何得到满足而困惑的状态。

值得强调的是，无聊的这种概念不仅意味着无聊具有哲学源头的属性，而且与之完美对应，这种哲学概念也恰恰解释了无聊的由来。也就是说，这些哲学家把无聊理解为一种我们必须接受的自我和欲望的危机，这应该算作看待无聊的“标准视角”，与之对立的其他（尤其是相对当代的）观念则较为标新立异。就当下探究的主题而言，这一点的重要之处在于，回归哲学性无聊是我现下提出的关键论点的一部分，这与那些试图消除无聊或改变无聊的概念不同。我还将为这次回归增加政治层面的含义，其中的部分内容基于阿多诺对无聊的描述（见下文），但包含一些现代的变形。

（2）精神分析式无聊

克尔凯郭尔对于无聊的论述和传统哲学中关于无聊的讨论最为接近，而这里的重点是我们所谓的“欲望缠结”——一阶欲望和二阶欲望相互冲突或无法匹配，因为麻木而缺乏明确的欲望等类似状况。在所有可能存在的对无聊的解释中，那些专注于分析欲望，尤其是分析欲望缠结的解释，与日常生活的真正利害关系最为接近。然而，对欲望缠结的社会层面和结构层面的分析往往存在空白，尤其是在涉及当今资本和技术条件的领域。

亚当·菲利普斯所说的“对于欲望的渴望”强调了一个真实的悖论，而非创造性无聊的那种纯工具主义的悖论。对欲望不再渴求是无聊的开始，而不是结束。因此，无聊阐明了欲望、意识和对意义的追求。我们的欲望被其自身的磨齿机制困阻不前，我们也阻塞于此；或者，继续用机械打比方，我们好比不自觉地踩下离合器踏板，油门踩到底，然而由于发动机没有正常啮合，所以不可能有牵引力。对于这个问题，艾略特至少算是有所了解，用他的话来说，我们“心烦意乱不得安宁 / 充满幻想和空洞的意义 / 神情木然而冷漠异常”。[53] 欲望变成了狂躁的主人、精神失常的父母，不断地索取关注，却不容许我们明确地表达关注，这便使我们进入了左右为难的局面，好比一个绳结掉落在串钩鱼线中，怎么做都是错，只会让缠结更紧。

在传统的精神分析术语中，可以说，就无聊而言，我们并非通过神经症的方式或借由神经症的表征来抑制无意识欲望；相反，欲望的全面瘫痪是神经阻滞的综合表现。因此，无聊产生了烦躁不安和若有若无的不满情绪：我心中连一个清晰的欲望都没有，这让我隐约感到恼火，但还不足以促使我摆脱这种麻痹状态。就像电视上有那么多频道，却什么节目都没有！因此，菲利普斯认为，在混乱状态和欲望不明的情况下，无聊起着一种精神预防的作用。他写道：“我认为，无聊保护了在未知中等待着的个体，让他可以忍受难熬的等待过程。因此，在无聊中，等待的矛盾在于，直到结局显现，个体才知道他在等待什么，而他往往压根儿不知道自己是在等待。”[54]这反过来又与研究无聊的历史学家彼得·图希（Peter Toohey）的判断相呼应：“从达尔文主义来看，无聊是一种适应性情绪。它的目的可能是帮助一个人茁壮成长。”[55]这里的重点是，身为古典学者的图希选择了“成长”这个动词，其中必然暗指所谓的“eudaimonia”（幸福），即亚里士多德描述的良好德行和深层次幸福，也就是这位古代哲学家口中的“活得好，做得好”（living and faring well）。但现在，我们大概会逐渐过渡到通常所说的“创造性”无聊（见下文第四小节），或者回归到哲学无聊（见第一小节）。

菲利普斯在这篇文章中说，无聊“类似于漫无边际的神思缥缈”，顺推之，创造性无聊则似乎能带来卓有成效的“神游”。他认为，“无聊是人们从容生活的一部分”。当我们漫无边际地胡思乱想，尤其当起因是精神的阻塞或停滞时，也许便会浮现新的快乐选择，达成新的突破。这一切约莫如此。但“飘忽”的状态并不稳定，用符号学来说，自由飘浮的能指只会造成混乱无序。比方说，“自由”“正义”这类词可指示的对象是开放性的，以至于可以完全脱离其约定俗成的意义，珍妮弗·伊根（Jennifer Egan）所谓的“词壳”（word-casings）就是其中一例：生命有机体或真正的指示对象的意义一旦被剥离，两者便脱离了语义场景，蜕落的背甲或外皮就是词壳。[56] 雅克·拉康（Jacques Lacan）和斯拉沃热·齐泽克（Slavoj Žižek）认为，在注意力和语言同样自由飘浮的情况下，意义的意义丧失、欲望的对象不再固定，哪怕是“回溯性设定”（retroactively posited）的对象都没有。[57] 据他们描述，精神的过度投入本身是无所不在且无差别的，试图寻求组织却因意义结构的缺位而无法觅得。因此，正如我们绝大多数人所认为的那样，欲望的对象在我们来到这个世界后才出现，诞生于我们的需求之中，尤其是想得到某物的需求、某种痴迷。反之，这种痴迷也属于回溯性自我设定。

本书的第二部分将会揭示，目前“真相”（truth）就是这样的词壳，致使我在本章所说的无聊的状况颇具复杂性。我在早期作品中就曾指出，“词壳”这一概念可能会导致更加广泛的影响。莫非我们现在实则是“人壳”，仅仅是我们幻想中强壮形象的残留躯壳吗？我们一度自以为强健坚韧，甚至现在也时不时有这样的幻想。[58] 然而，所谓的“人壳”并非意味着欲望受阻的状态；恰恰相反，它居于欲望过盛的世界里，其中的各种欲望纷繁复杂以至相互抵消，有效的信号也淹没在嘈杂的噪声里。结果是，即使是回溯性自我设定也变成一桩傻事，如同囚犯的自我处罚。这座低级炼狱隐藏在虚幻的个体化乐土中，以别样的方式展现出在当前政治、科技环境下行尸走肉般的自我。再次强调，如果我们愿意竭力进行自我剖析，无聊便是我们要关注的重中之重。

（3）政治性无聊

在资本主义体制下，“闲暇时光”或“自由时间”是存在危险的，阿多诺对此所做的阐述是本部分研究的核心文本。从这一点来说，目前专门从政治角度探讨无聊和科技问题的论述远没有受到足够的重视。哪怕是把提出电视时间和闲暇时光等阐述的阿多诺算在内，也只有少之又少的人在尝试对当今世界非比寻常、前所未有的状态提出新的批判性思考。毕竟，收视习惯已不同以往，休闲时间也不再局限于与工作时间泾渭分明的晚间和周末，并且还使自身在不知情的情况下沦为了工作时间。针对当前的主体性状态及其与媒体的关系，我们必须充分考虑问题的紧迫性再做评判——不是愈加绝望或指责更甚，而是以细致入微的结构分析来应对。无聊不仅仅是一种惹人微怒的日常体验，但也不仅仅是一种无法进一步研究的存在状态，而是以其独特的方式吹响的战斗号角。

阿多诺对政治性无聊的点评，与其对工作和休闲这两个概念融合之处的常规性批判紧密相连。休闲时间要么被同化为工作时间，呈现为工作场所里的“娱乐”元素（放映室、游乐室、休闲的着装规范、宠物收容处等），要么本身已成为劳作和竞争的场所。有时，这两种形式还会同时上演。因此，现代工作一族习以为常的一轮接一轮的周末狂欢表明，他们根本无法摆脱工作的全面束缚。因此，当代休闲时间的无聊感是更深层次的精神萎靡的外现。当个体切换至工作自我时，这种萎靡感就会下降。根据这种分析，无聊是政治性的，因其投射出在劳动和自我的配置中一切都不顺利之感，个体无望地拘滞于罗网——我在其他作品中称为“工作理念”（the work idea）——之中。工作理念本身并不是有偿的工作，更不是人们所想象的那种带有职业使命感光环的崇高劳动，而是一种普遍存在且几乎毋庸置疑的理念，即生而为人，工作乃立身于世之本。阿多诺的分析如今仍然适用，但是需要有所更新。核心工作场所的侵蚀和“零工经济”（gig economy）的普及标志着新形式的资本主义剥削及边缘化。在零工经济下，工人们通过拼命地做些短期且往往无人监管的工作勉强维持生计。

传统意义上，劳动者和劳动行为的异化表现为，将其劳动产品商业化并售得利润，却不与其共享利润。而零工工人和其劳动行为的异化方式不同于此。相反，零工经济带来了一种层次更深、危害更大的异化，即工人与其自身之间的异化，他们受困于被他人随心所欲支配的工作中不能自拔。与此同时，工作的常规任务，即培养敬业精神与自主精神，日益明确地提醒着人们，对个人来说，再怎么努力工作都不为过。关于零工工作者勤奋过人的“励志”故事比比皆是，例如，怀有身孕的来福车（Lyft）司机即使在即将临盆时仍坚持接送乘客。评论家贾·托伦蒂诺（Jia Tolentino）写道：“一家公司若是大肆颂扬员工们为谋生计必须多么努力工作、不得停歇，那它一定是有颇为反乌托邦的双重思考能力，毕竟这些条款是公司自己提出来的。然而近来，这种虚假的励志故事无论是在企业宣传还是在新闻报道中，都出现得愈加频繁了。”59

举个例子，零工网站 Fiverr[1] 自诩为“自由职业者服务的在线交易市场”，网站上部分服务的售价低至 5 美元。该网站

[1] “fiver”意为 5 美元钞票。

在 2017 年发起了一场名为“我们信赖实干家”（In Doers We Trust）的广告宣传活动。正如新闻稿所言：“Fiverr 利用这场运动紧紧把握当今灵活创业、果断尝试、以少挣多的新时代精神。Fiverr 反对官僚主义的瞻前顾后、分析瘫痪和没完没了的讨论会。”这听上去……怎么说呢，有些令人费解，尽管它的目标直指“革命性地”避开乏味的中层管理者的官僚作风。不过，正如托伦蒂诺所言：“零工经济啃食同胞的本质正是经由这套说辞被包装成一种美学。”批判地分析零工现象究竟有何必要非但不是过度思考，甚至可以说，将其作为新的经济现实欣然接受恰恰是不可饶恕的轻虑浅谋。

零工工人们总是在不确定中等待下一份零工，因此他们的无聊不同于案板厨师、打更老头或车间工人的无聊。在打零工时，“快点过来等着”的指令和出现在其他场合令人沮丧的命令如出一辙，比如说，让步兵备受煎熬的无聊感，所以“快点过来等着”这个表述指不定就是他们发明的。人们可以认同 Fiverr 运动中振奋人心的“实干家”精神，以此来对抗这种无聊，不过，我们必须承认，这是一种疯狂的状态。这些工人如同电影《射马记》（*They Shoot Horses, Don't They?*）中疯狂的马拉松舞者。该影片是一个讲述了大萧条时期绝望情绪的凄凉寓言，在一场徇私舞弊的角逐中，永无止境的攀爬让人心生厌倦。

在更稳定的工作形式中，情况并不会更加乐观。大卫·格雷伯（David Graeber）毫不客气地将有些职业称为“扯淡的工作”（毫无意义或价值的工作），从事这些工作的人同样落入了资本主义幻想的陷阱，即工作虽然无聊，但还是有点必要的。[60] 格雷伯还生动地描绘了资本主义体系中的重要结构：债务周期。他抨击了以白领工作为主的一系列职业毫无用处，并且从业者也深谙这一点：比如人力资源顾问、通信协调员、电话销售市场调研员、公司律师。他给各种各样的扯淡工作贴上标签（打手、奴才、自动收报机、管道胶带工和工头），而这些工作难免物以类聚，融合成他口中的“多元扯淡工作综合体”。这便是一份看起来好像应该很有趣的工作，因为它丰富多彩但又稳定可靠，既非一成不变也不虚无缥缈。然而，这只不过是替扯淡工作说的蠢言蠢语罢了。

并非所有扯淡的工作都是无聊的工作，但是，因为这种工作明显毫无意义，所以它们太容易带来无聊感了。因此，尽管商业杂志为无聊的上班族准备的自我激励的建议通俗易懂——例如提倡撤走时钟、浏览动物图片、使用太阳灯、远离易使人妒火中烧的社交媒体——但笑脸对策对于零工工人和扯淡工作从业者都不适用。[61] 对无聊的传统政治评判植根于马克思主义的分析，我们需要在此基础上对我所谓的新自由主义无聊（见下文第五小节）进行批判性研究，以做补充。然而在此之前，我们必须考虑到另一种形式的无聊——或者更准确地说，是另一种形式的无聊意识形态——在无聊深入人心的“痛苦的折磨”形象里，找寻一抹积极的色彩。

（4）“创造性”无聊

新近涌现的心理学文献可以说是第一小节中一系列观点的一种更科学但也更驯化的呈现，也就是说，此处我们同样认为无聊会让主体厌烦，但它也具有生产潜力。与此同时，抨击无聊损害认知甚至破坏健康的对立派心理学著作往往也应运而生。这两种对立的论述时常针锋相对、僵持不下，主导着关于无聊的日常讨论，并在谈及科技、建筑环境和工作场所时尤甚。

举个例子，最近有人为无聊辩解，认为归根结底它可以让人变得精神焕发，而从长远来看，轻微的无聊感可以让整个世界变得更加有趣。罗斯克兰斯·鲍德温（Rosecrans Baldwin）写道：“人们通常认为无聊是一种欲有所成却力不从心的恼人经历。但这种转瞬即逝的情绪在机场、人行道和午后树林这些场景中恰到好处。也许两分钟后我的注意力就被什么有趣的东西吸引了。”他继续道：“无聊让我悟出一个道理：但凡想要变得聪明，得先愚蠢一阵子。静谧的时光伴随着狗吠声、车流声和邻居们看老电影时的低声呢喃。为自己的无精打采、心不在焉留出时间，不仅能重新激发我对事物好奇的欲望，还能赋予我动力，成为（或者至少努力成为）有趣的人。”[62]

鲍德温接着回忆了他在日常生活中的无聊经历。比如在政府服务机构排队等待的经历反而使他意识到，不经意间得知在同样情境下的旁人会有些情绪失控，倒也是件乐事。最有意思的一次寻常的无聊，使他结识了一个瘾君子编剧。当然，这种无聊是否算得上“创造性”就见仁见智了。

心理学文献的研究结果虽更为精确，但对于何谓创造性没有给出更多的启示。事实上，如果我们仔细研读心理学文献，确实可以发现为无聊正名的补救方案。这种方法将无聊深入人心的消极特征重新定位为产生创造性思维的契机，从而有效地将无聊重新定义为（也无害化为）白日做梦、放飞思维、头脑风暴和其他“跳出桎梏”或“横向思维”的策略。这种对无聊的驾驭或驯化策略与哲学意义上的无聊恰恰相反，它并不能给未来带来解脱，只会徒增新的焦虑。所谓的创造性无聊其实就是漫不经心地对待无聊。

（5）新自由主义无聊

对新自由主义无聊进行批判性分析的迫切需要，一部分的原因是，人们认识到了其他文献在这一点上的不足；但更深层的原因在于，在这种逐步发展的经历中，活跃着的理应稳定的主体性面临着不易察觉的挑战。

所有关于无聊的论述都一致认定，一段普通甚至是极为寻常的人类经历，往往能让我们见微知著。至于我们可知何“著”，众说纷纭，其中便包括我此处的论证。但与此同时，我也认为，有太多文献分析的关注点可能存在偏差。问题的关键不在于“我为何变得无聊”或“‘我感到无聊’究竟是什么意思”，而是“被视为无聊主体的这个‘我’是谁”，以及“为何‘我’被推至这一种存在形式”。

为什么是“新自由主义无聊”？我们必须承认，“新自由主义”这个术语用来描述某种新型资本主义恰到好处。绝对自由主义这种政治组织形式允许道德或宗教信仰的差异在彼此认同度极低的情况下共存。我们在分歧之上勉强达成一致：为了最大限度地促进每个人的利益，可以求同存异。而新自由主义的出现，是对国家组织的传统自由主义思想和推崇中央集权的政府模式的反驳，但也可能会成为介于两者之间的另一种选择。作为一种意识形态，新自由主义在实践中产生了对自由市场、资本集中和撤销行业管制的强烈偏好。2008年的那场金融危机让很多人意识到这种经济、政治组织形式的局限性，但在那之后，对新自由主义目标的认同仍然是主流，并且没有显著减弱的迹象。实际上，可悲的是，我们已经见识到更具创造性的规制俘虏的新形式——至少在美国，我们见证了最高法院做出了一项极具历史意义的裁决，即根据宪法第二修正案授予财阀们资金赠予、言论自由的保护，这同时意味着赋予他们巨大的政治影响。[63]

可这与无聊又有何干系呢？在我看来，与科技、经济现实息息相关的日常文化生活如今已经受到这种特殊的无聊形式的支配。它实际上是新秩序下的一场政治危机。此外，我认为对于这场危机的爆发，20 世纪的资本主义背景难辞其咎。当前，无聊是经济领域不安情绪自然延伸的产物：人们千方百计地升级，疯狂追求速度和满足感；最糟糕的是，对那种似乎总是存在于别处、为他人所享、远在天边遥不可及的生活方式产生了没完没了的妒忌心理，内心的幸福感被摧毁。这些现象四处蔓延，让问题加剧。

这与人们对资本主义在过去一个半世纪演变历程的普遍认知不谋而合。古典资本主义（1860—1930）关注商品和服务的生产、财富的积累，并表现为炫耀性消费和刻意显露的特权式休闲的浪费行为。欲望借由财富的支持不断滋生，在培养品位的表象下，为自我意识的统一提供了契机。托斯丹·凡勃伦[1]对“有闲阶层”的剖析和伊迪丝·华顿（Edith Wharton）的小说都对此解读得鞭辟入里。[64]这种资本主义形式的核心问题在于：彰显地位的商品，如凡勃伦提到的优质葡萄酒、独家工艺制品、艺术品收藏，都具有标示地位的特性，因此不能与那些普通商品混为一谈。事实上，这些商品现在往往被贴上“凡勃伦商品”的标签，不断攀升的需求曲线和价格曲线彰显了它们的奢侈品地位，这与公认的经济预期背道而驰。这种广受追捧而原则上又无可替代的商品，必然会造成阶级之间的紧张态势，最终导致社会变革，其形式包括累进所得税或广泛的社会改革，如美国罗斯福新政（1933—1936）便推行了更为严格的监管、再分配措施以及国家工程项目。

下一个独立阶段便是晚期资本主义（1930—1980），这一时期的核心是通过将“奢侈”商品大众化的形式制造消费。不满和嫉妒情绪在消费和债务负担的攻势下消失殆尽。欲望

[1] 托斯丹·凡勃伦（Thorstein Veblen，1857—1929），美国经济学巨匠、制度经济学鼻祖。凡勃伦作为一个辛辣的社会批评家而为一般公众所知，这一风格的代表作是《有闲阶级论》。

不再仅仅是少数人精心培养的良好品位，而是广告投入和流行文化的产物。因此，资本并非仅凭积累，更需要再生产：赚钱的意义就在于花钱。这种情况下的自我是破碎的，无非是通过这种炫耀性的消费，打着幸福的旗号寻求一种迷惘的自我意识的统一。这个时期的文本类、小说类标杆式作品包括阿多诺和霍克海默对“文化产业”的分析，以及菲茨杰拉德的悲剧讽刺小说。[65] 此时的核心问题是，所谓的民主进程在社会变革中达到了一个高潮，并且逐渐与文化产业本身难以分辨。政治变成了一种娱乐形式，政治斗争变成了财力竞赛。

我认为，我们目前正处在第三个独立阶段，由于没有更好的形容词来描述这个阶段，我们不妨称其为“后现代”（1980年至今）。在这个阶段，不满情绪全面滋生，欲望四处蔓延。资本如同情欲一般刺激着人们以各种方式予取予求，而其自身却并不真实。炫耀性休闲和炫耀性消费逐渐式微，取而代之的是炫耀性博学、炫耀性尝鲜或炫耀性时髦，在科技领域尤甚。自我不仅支离破碎，而且如我们所见，还会同类相残、行如鬼魅。在现代资本主义的支配下，自我意识的统一仍具有假定可能性，而如今已经无望了。同样，一些作品值得一提，例如齐泽克的文化干预理论，或大卫·福斯特·华莱士的小说。[66]我们不再直截了当地生产商品和服务，甚至不再产生消费；相反，我们以消费者——或许更应该说是“用户”“追随者”“朋友”之类——的身份表象来生产和消费自己。是的，这些起着着重强调作用的引号仿佛在恶狠狠地强调词壳的存在。

欲望机器的肆意扩散非但没有让人感到兴奋和满足，反而更多地让人感到无聊——意识到这一点得有多沮丧啊！造成这种局面的原因很简单——这种资本主义的核心特征是：第一，它表现出不可避免、独一无二和不可替代的形象；第二，更为糟糕的是，它产生了一系列无穷无尽的零和游戏，同时还有我们对可供选择的美妙事物的权利意识牵涉其中。残酷又讽刺的是，在这种零和竞争中，有时对手正是当下的自我，而对抗的是一个想象中的未来的自我。[67]我们自己隐约意识到专注于自我是徒劳无用的——这种初现的认知就是新自由主义无聊的根源。为了了解这种情况是如何发生的，以及为什么会发生这种情况，我现在将探究一些我称为界面的案例，与此同时我会谨记，这些技术领域的实例无法详尽无遗地探讨所有界面的冲突，也不能涵盖当前条件下可能出现的所有无聊。

9. 界面

社交媒体中存在以下两种常见的荒诞行为，尤其流行于那些指望用 Tinder、Match 或 OkCupid[1] 等应用软件来约会或恋爱的单身年轻人中。在 FX 电视台制作的喜剧《男追女》（*Man Seeking Woman*）的一则广告中，乔希·格林伯格（Josh Greenberg）扮演的男主角经常以日常生活为场景出现在镜头前，比如坐在沙发上吃东西、坐在办公室的小隔间里工作、上厕所或者在流动餐车前排队。突然他感觉到有什么不对劲，然后我们看到他整个人撞到墙上、冲进隔壁公寓、撞到卡车上。然后镜头转到两个女人的画面，她们一边对着智能手机咯咯笑着，一边不无欣快地在手机屏幕上把他的个人资料滑到一边。镜头切回到餐车前的画面，那个倒霉蛋的朋友悲伤地摇着头说："我们当中最优秀的人也没能幸免。"

第二个例子，来自仍然时不时玩玩恶作剧的《周六夜现场》（*Saturday Night Live*）节目。这个例子的讽刺更加黑暗，也正符合节目需要。在该节目的一个代表性的恶搞广告中，一群女人正在使用一款名为 Settl 的约会软件。一帮姑娘讨论

---

[1] 这三个都是国外的交友软件。

了她们经历过的“无数次不错的约会”，觉得“Settl 上的男人没什么问题。他们只是普通人，不过身上有一些特质让我愿意仔细看一看”。这些男子的照片仅限于护照上的照片或他们站在比萨斜塔旁的景点照，因为“那样的话，我们就没法把焦点放在他们的长相上了”。最有趣的大概是这个恶搞广告的结束语，提醒人们 Settl 不同于 Tinder，没有左滑拒绝功能：“记住，恋爱能成，不能靠轻言放弃，而要靠解决问题[1]。”

这两则恶搞事件之间的联系就在于“左滑拒绝”的概念。在某些情况下，这种行为看起来太过容易——原本不为人知的遭拒的情绪体验被直接投射到脆弱的人类个体身上；而在其他情况下，这种做法又似乎受到了限制，因为左滑屏幕所显示的资料传递了一种似乎选择丰富的错觉，而实际上，其中藏着大量糟糕的匹配对象、徒有其表的蠢蛋、潜在的受虐危险，以及再常见不过的无礼行为和失望结果。前文提到的这部喜剧具有某种认知功能：我们都知道，即使我们自己并没有在寻找约会对象，但我们都了解了在无孔不入的智能手机的介入下，当下婚配程序的无情规则。毕竟，对于像人类性别二态性这类古老的问题，我们不应过于依赖一些转瞬即

[1] 恶搞广告用了文字游戏，在英语中，该软件名“Settl”和“settle”（解决纷争）同音。

逝的社会评论，但在我看来，左滑操作的功能和地位还没有得到充分的理解。

更多关于约会模式的近期报道表明，已经有人开始反对在线约会，尤其是基于应用软件的约会。[68]但重要的是，我在下文中仍将把滑动屏幕作为理解界面概念的一个例子。当然，“界面”是一个具有多重含义的术语，远非仅仅意味着与当代计算机和手机技术相关的图形用户界面（GUI）。我想以一种颇为狭义而精确的方式使用这个术语。我对界面的简短定义是：它是在平台、内容和用户的彼此交互中发挥接合和支持功能的流动空间。界面促进了各种各样“门槛”（threshold）功能的产生，人们却像对待真正的门槛一样，对其重要性视而不见或者抱着理所当然的态度，可以说人们对界面知之甚少。我这么说是什么意思呢？

回想一下，瓦尔特·本雅明在他那篇描写卡夫卡的著名短文开头是如何用物理学家阿瑟·爱丁顿的作品来描述身处卡夫卡构建的虚拟世界的感觉的。爱丁顿在他的畅销书《物理世界的本质》中写道：“我正站在房间的门槛上准备进去。这是一件复杂的事情。”[69]为什么？好吧，对于这位细心的物理学家来说，这种普通人在任何一天都要毫无意识地做几十次的日常行为，其复杂性涉及这种稀里糊涂的成功背后让人难以置信的自然法则。宇宙大部分熵的属性必须精确地组织起来，才能使一个人顺利地从一个房间进入另一个房间。分子的内部空间大部分是空的，它们必须整齐排列，这样牢固的地板和墙壁才能发挥作用。我们对重力和有限空间的操控是基于奇特的两足直立姿势的顶部视角，必须做到准确无误。

最重要的是，我们在移动中，在追求目标和刺激时，面临着思维的挑战。（爱丁顿是泛心论宇宙的坚定信徒，他根本不相信我们会毫无理由地四处走动。）的确，这最后一项成就可能是最值得瞩目的。一项可靠的心理学研究表明，当一个人跨出门槛的时候，会出现明显的认知障碍——我们会忘记要去拿什么，或者忘记我们要记下什么好点子。

本雅明认为，卡夫卡的门槛论就是对爱丁顿物理之谜的黑暗存在主义推论。我们总是试图打开紧闭的门，爬上狭窄的楼梯，或者在一间间办公室之间穿梭。在卡夫卡看来，世俗的物质生活里的平凡挫折变成了类似于我们的社会焦虑和精神焦虑的幽闭恐惧症，变成了我们在充斥着门道、办公室、庭院和城堡的世界中，对内心安宁和归属感的无能为力。卡夫卡笔下的主角总是不安地前往下一扇门寻找答案或做出判断，若不行就再前往下一扇，这既滑稽又可怕——答案和判断永远遥不可及；那些打开的门并不能通向我们的向往之地，而那些紧闭的门则由古怪的看门人和爱出谜题的精灵守卫着。这便是人类的处境。

我们看似已经从约会软件的话题上跑偏了，但那两个恶搞事件所体现出的滑稽场景里的黑暗面，表明实际情况恰恰相反。在这里，我们看到往往无须刻意努力就可以体验和利用的门槛功能暴露了狂暴的特性，或者更糟的是，当它遇阻时，会发出一个极度绝望的信息。你可以肆意滑动屏幕，但你无处遁形，因为滑动功能一边为你服务，一边其消亡的对象正是你和你的欲望。在这里，用户认为他/她正在与平台（具有收集和展示信息能力的站点）上显示的内容（约会对象的简介）互动；他/她还认为，这种互动过程最重要的特征是拒绝或（有时）追求一个潜在的约会对象时，要进行判断和选择。尽管如此，事实上，整个场景最重要的特征并不是用户、内容或平台，而是无数次手指的滑动。这个场景的本质就是用户通过这种焦躁不安的特定“选择”机制体验自我的狭隘方式。这种机制和用户与其进行的互动就是我所说的界面。

这种互动可能与让用户沉溺的媒介截然不同，这一点将有助于我们理解其中的区别：媒体的寓意与界面的寓意有所不同。例如，2017年年末，人们发现了以下趋势：播客听众就像快速浏览杂志文章或博客一样，以1.5倍、2.0倍，甚至2.5倍的速度播放着音频文件或流媒体。这一类被称作“播客倍速听众”的群体，实质上是通过加快收听的速度来适应他们感兴趣的内容的庞大体量。[70] 其中的关键不是快进跳过比较没劲的部分、直接听更有意思的片段——就像用类似功能跳过广告或枯燥的对话场景，直接观看更加生动的内容一样。相反，这是为了改变收听体验，这样就能在更短的时间内听到更多内容——尽管这往往和播客创作者们的意愿背道而驰，因为他们可能会运用音乐或精心设计的节奏来营造他们预期的绚丽效果或思想影响。不过他们不走运，掌控着界面的是用户们——或者至少他们自己是这样认为的，而媒体的终端传送工具实实在在地掌控在他们手中，显示在他们的手机屏幕或平板电脑上。事实上，我们将会明白，或已经开始怀疑，这种对体验的掌控感只是一种幻象。如果制作者、媒体和用户都不是界面掌控者，那么背后究竟是何人或何物在操控？

且让我提出我的设想。我们所谓的这种滑动－倍速机制仿佛拥有生命力一般会自行运转：换言之，很快，用户对这一情景的体验将逐渐不再是看着一份份个人资料评头论足、挑挑拣拣，而是会投入到刷屏或狼吞虎咽地摄取信息的过程中。因此，人们会攒三聚五一起享受这项活动，而根本不会察觉到他们无忧无虑的游戏可能给别人带来的痛苦。当然，这种痛苦并不是真实的痛苦，因为从真正意义上来说，这些个人资料无论如何都无法等同于真实的人类。可以说，这些个人资料之所以存在，完全是为了给滑动机制的利益服务。说白了，这既不是这些网站的既定目标，也不是大多数人参与此类互动的原因。我认为，界面会影响主体性设定——这样的选择和判断的假定发生场所，会导致用户的主体性在其自身不知不觉中慢慢发生改变。

我们还可以用上瘾来类比，但只是部分相似。成瘾者从其一阶欲望的满足中获得短暂的快乐。但在许多情况下，这种一阶欲望与不愿再被致幻剂折磨或被刺激物诱惑的二阶欲望是相冲突的。不过也有一些自愿成瘾的案例。更重要的是，成瘾经历中包含着显著的暂时性因素。这种时间维度远比对上瘾的粗略分析中常见的短期 / 长期框架要复杂得多。在一个人真正被旁人认定为瘾君子之前（无论这种“认定”的具体含义是什么），他对某种致幻剂的渴望可能会起起伏伏，他也可能无数次微妙地摇摆于为这种渴望寻找托词和对这种渴望心生怨恨之间。

例如，尼尔·利维[1]有一个论点颇有道理：高度自律的人也有可能成瘾。他写道："那么瘾君子们究竟为什么会上瘾呢？答案很简短，不过略容易引起误解——因为他们想吸。成瘾者并不像亚里士多德的非自愿性论述中被疾风吹着走的人一般，因自身的欲望而失控。此处重点不在于行为人是否受到内在力量的强迫，而在于，无论是否存在强迫性心理力量，成瘾性欲望都不在其中。"[71]

虽然利维承认毒瘾往往身不由己且贻害无穷，而且确实会损害人们全然高度的自律，但是，他认为毒瘾应该是"以成瘾者不断摇摆的内心倾向为特征的。大多数时候，瘾君子由衷地抗拒成瘾，但他们经常会动摇；一旦想法动摇，发自内心的欲望又战胜了自我克制"。[72]人们往往会忽略成瘾的暂时性，仿佛这种状况是不良欲望对健康欲望的稳态侵蚀。这种想法是错误的，更容易导致瘾君子出现健康欲望缺失的是时间的推移，随之而来的是全面自我意识的削弱，这也就是利维口中的"延长作用"（extended agency）。尽管这是对上瘾的合理描述，但该论点与其说是强调了瘾君子未能长期保持意志力的事实，倒不如说是突显了要实现最根本的全面健康

[1] 尼尔·利维（Neil Levy），澳大利亚莫纳什大学博士，现就职于麦考瑞大学哲学系。

自我有多么困难。

即使基于这种自律－兼容（autonomy-compatible）的认知，界面也不见得会使人上瘾，因为它实际上是一种欲望－满足的延迟，其机制被替换，取而代之的是能将人代入情境的原始欲望。当我们用其他界面做比较时，这一点尤为明显，例如云音乐或计算机软件中提供的推送功能。在这里，我们同样会发现和约会软件上类似的焦躁不安和难以抉择的状态。我不停地翻页，试图找点东西听，但我从不在任何内容上稍作停留；不久，我忙于翻页这一行为本身，并深感愉悦。类似的例子还有在线新闻资讯、博客和（众所周知的）脸书的不间断翻页功能或网飞的“若干秒后自动播放下一集”功能。这种体验没有尽头，永远都有新料（多么诱人的字眼）推送给你。因此，即使是瘾君子也没有机会体验到哪怕是片刻的满足感，更不用说那些与自己欲望的关系没那么复杂的人。

在界面的日常体验中，最为显著的一点是，尽管人们看着手机嘻嘻哈哈，但是他们感觉不到哪怕片刻的满足，甚至以透支未来幸福为代价都不行。翻页、滑动操作的连续性似乎让欲望的满足成了不可能的事。然而，我们在这里看到的是一种脱挡的欲望，这不同于拖延症发作时那种仿佛走进死胡同或熄火抛锚的经历，倒更像是挂着空挡的发动机不产生丝毫牵引力还能开足马力全速行驶。18世纪的诗人爱德华·扬（Edward Young）曾说，拖延是“偷光阴的贼”。这句话后来成了一句谚语。当我们拖延时，便错失了采取有效行动的良机，即使穷尽凡俗的一生也于事无补。另一句谚语则截然相反，认为无聊时“度日如年”。我看着时钟，在未知中沉迷，等待着发生些什么。用当代作词家哈尔·戴维（Hal David）的话来说，在这种状态下，“我就是不知道该拿自己怎么办”。光阴时而如白驹过隙，时而如蜗行牛步。但事实上，拖延和无聊在结构上有共通之处：无论是拖延也好无聊也罢，身处其中，欲望似乎都无法集中在任何特定的物体或行为上。这两者都是影响我们时间观念的某种心理冲突。不得不提的是，这一生动表达出自扬创作于18世纪中期的诗集《夜思录》（*Night-Thoughts*），它的全名为《哀怨，或关于生、死、永生的夜思》（*The Complaint: or, Night-Thoughts on Life, Death, & Immortality*）。在该诗集的其他诗篇中，扬还写道：“在诸种事务中，唯希冀最为糟糕。”当你希望得到的是欲望本身时，这一严酷的评价无疑更加真实。

当人们试图通过进一步的刺激，而非思忖内心矛盾的本质来摆脱无聊的钳制时，界面技术里的滑动和滚动的重复性动作就提供了一个很好的选择，它们几乎能将被裹挟于无目的欲望的低级狂欢中的用户催眠。随后，这种经历给用户所带来的危害就变得难以辨明。不过，有一点倒是显而易见，就连用户本人也心知肚明，那就是她 / 他花费在界面上的时间本可以用在其他更合理的地方。毫无疑问，这种互动所带来的愉悦感通常掩盖了更深层次的问题。我指的不仅仅是那种具有讽刺意味的原始欲望——想要约会、想要听音乐、想要在网上读一篇文章或帖子——都被抹杀了，而是界面体验的潜在不安同时也掩盖了世界存在的问题、每个学生司空见惯的无聊的意义以及它与幸福的关系。无聊这一欲望缠结的新特质已经算是人类体验过的状态中最普遍、最痛苦的了。饱受折磨的灵魂就在这样的希冀和欲望中崩溃了。

如今，界面的结构已取代了内容本身曾扮演的角色，如此一来，我们的主要消费态度不再与目标物有关（目标物的延误甚至缺失曾是我们无聊体验的缘由），而是与传递机制有关。无聊如今并不像菲利普斯所说的那样，存在于“对欲望的矛盾渴求”，而在于一种压根儿不再寻求特定欲望的永续状态。界面的内容已经为平台所淘汰。评论家尼古拉斯·卡尔（Nicholas Carr）认为，我们对平台的沉迷成了一种新的消费形式。卡尔这样写道：“在物欲横流的世界，一个引人入胜的界面便是一件绝好的消费品。它将消费行为本身包装成产品。

我们所消费的正是自己的消费行为本身。”这话说得没错，只是表述尚有欠缺。这件完美的消费品不仅包括界面，甚至也不仅是我们身处其中对消费行为的消费，而是这种沉迷本身的自我吞噬行为。这便是完美消费者的完美自我消费。

后一说法如今才开始逐渐显现其更重要的影响，尤其是那些关乎自我和主体性的影响。在当今时代，科技（尤其是媒体）与人类主体的融合是如此重要——后者更准确地说，也就是吉尔·德勒兹（Gilles Deleuze）口中的“可被分割的个体”（dividuals），即分裂的自我——以至于如若我们对此浑然不觉，如鱼游不知水，便要陷入对自己的存在状态视而不见的危险境地了。与多个平台的界面的关系，成了自我与自身可能境况的关系的总和，但人们也因此对这些境况视而不见。此处，我们最好不要将无聊理解为应当被忘却的不悦感受，而应理解为一种轻微不适的症状，其背后是一种深深的隐忧。我们发现自己的生活已经与界面难舍难分，而且界面给人们造成的期待，亦即那些口口声声说由平台提供的内容，其实是一种诡诈的诱饵。界面如黑云压城，其势头已然盖过内容本身，同时也隐没了我们（自以为）追求内容时的自我。

由于新自由主义无聊的诸多特征受制于界面的支配，所以对其进行分析能够揭示一种新的利害关系。我认为，借助这一关系，人们也许会对容易长时间停留于界面的“自我”的各种不稳定性和鬼魅般的特质有更深入的了解。新自由主义无聊，不仅意指取代内容成为消费品的界面所特有的无聊，还意味着在消费界面的过程中主体定位的独特体验——结果证明，它是一种禁锢，一种潜伏的上瘾症状，更是一种疯狂的自我消费。

在手机上滑动手指并不能解决问题，因为这个问题是科技和消费政治都试图掩盖的。这种掩人耳目的行为坐享有利的政治条件，是目前批判性研究的主要对象。下文中我们将谈谈赋予无聊的境况以紧迫性的背景因素。

第二部分

理性的虚无

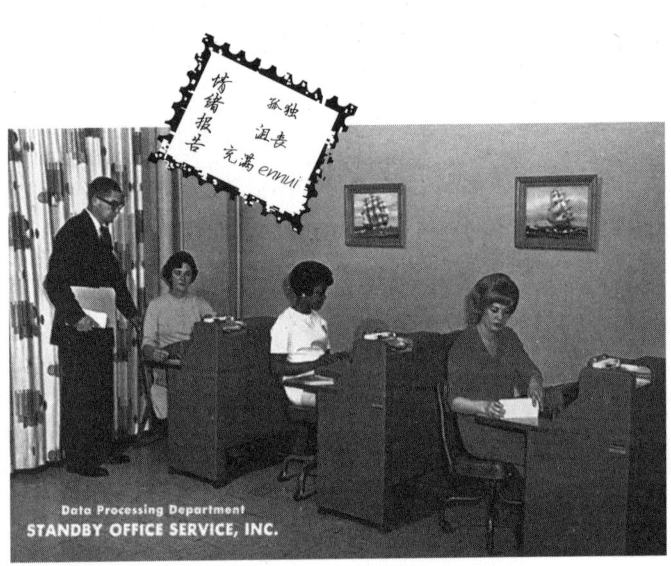
情绪报告
孤独
沮丧
充满ennui
Data Processing Department
STANDBY OFFICE SERVICE, INC.

你是否曾对自己感到厌倦，以至于真真切切感到恐惧？这就是我每天的感受。这就是我现在、此刻，坐在这里的感觉。

——乔纳森·迪伊（Jonathan Dee），

《一千次原谅》（*A Thousand Pardons*）

1. 孤独

想要了解界面在我们目前的困境中所扮演的角色，就必须单独分析“后真相”环境对我们的影响，因其既触发了我们的孤立感，又在我们试图通过不断的刺激来克服这种孤立感时，激发了不为人知的绝望。简单地把后真相时代的衰退与新自由主义经济学混为一谈是大错特错，但两者之间也存在着引人深思的联系。在新自由主义的价值观中，所有的资本都是平等的，它们涵盖甚至超越了人与人之间的所有差异，甚至让看似顽固的政治信仰都俯首称臣。这一明明是通过放松管制和竞争而在所谓的“自由”市场中繁荣起来的体系，却在公共信托、公共话语和公共物品领域造成了一连串接踵而至的社会异常。正如某个笑话讽刺的那样，事实不仅是我们拥有一个“市面上”最好的政府，从更深层来说，往往被视为正义化身的“自由民主”机制被金钱利益一步步蛀空，取而代之的是装腔作势的辩论、对所谓“假新闻”的谴责、赤裸裸的谎言，以及失智般地颠倒黑白。尽管在我撰写这部书时，这种现象已经格外严重，但我完全有理由相信，此刻它更是已渗透到政治体系的各个角落。

1758年，塞缪尔·约翰逊在《闲散者》（*Idler*）期刊中写道："战争带来的灾难难以估量，其中就包括人们因利益驱使、轻信蛊惑而选择去真存伪。”1918年，美国参议员海勒姆·约翰逊（Hiram Johnson）将塞缪尔·约翰逊这段内容简化了，于是有了更广为人知的版本：“真相是战争的首要牺牲品。”二位约翰逊都认为，战时是一种特殊的社会状态，其所带来的高代价和高风险会致使原本健全的社会和政治规范恶化。但是，如果战争状态一直存续——不仅仅是实际上自1990年第一次海湾战争爆发以来，就一直处于战争状态的美国、英国、加拿大和其他西方同盟国——又会如何呢？此外，自 2001 年 9 月 11 日纽约和华盛顿遭受恐怖袭击以来，战时措施、紧急状态和特殊状态以及广泛存在的监视已然正常化。而且，我们还目睹了这一时期政客们的诚信标准一落千丈，一个尤为重要的原因在于，笃定却虚伪地核实声明的发布方式和速度早已与如今无休止的新闻周期、推特上的慷慨陈词格格不入了。本应是一种指导性规范的真相陷于崩溃，这与界面有着千丝万缕的关系，因为它将一切都置于无须负责的灰色地带。当谎言浮出水面，我们已经在这个循环中辗转折腾了几个回合，而这个循环永远不会停歇。

这和我所描述的牵涉到界面的无聊有什么联系呢？哲学家们通常认为，即使我们被自己错误的或病态的欲望残忍蹂躏，或是被外力扭曲了自我，真理也能解救我们。这确实是哲学思考长久以来给人们的期待——它能让事情变得豁然开朗，如此一来，只要我们愿意，就可以将一切烦忧（错误的观念、糊涂的思想、不公平的制度、不道德的做法）改变或抛诸之脑后。但是，如果没有一个真理的规范，我们是否还能继续幻想着从无聊及其根源的哲学分析中获得疗愈？真理作为一种公共规范所遭受的侵蚀与新自由主义无聊的体验并非泾渭分明，但它们之间的网络联系清晰可见。无休止的压抑的政治谎言使公民陷于悲惨的、被孤立的境地；我们无数次看到，人们甚至受其鼓动，以暴力的方式互相攻击。对事件可信度的判断取决于你看的是福克斯新闻（Fox News）、微软全国广播公司（MNSBC）还是美国有线电视新闻网（CNN），还有你关注了谁的推特，你在脸书上和谁聊天。在我们这个时代的政治生活中，存在着巨大的孤独和凄凉，真理的救生圈已经消失在波涛之下。正如我之前所说，这种孤立感所产生的无聊与其他的无聊形态截然不同：它是焦躁不安、灰心丧气的，有时还是愤怒的；它的受害者并不是刺激不足，而是刺激过度。他们不知道如何处理自己的情绪，而且很多时候，他们受挫后产生的愤怒会恶化为沮丧。这显然不是海德格尔和叔本华该解决的问题！

举个小例子。众所周知，野营地的纠纷有时会升级，如果纠纷跟酒有关就更不得了了。但是2016年发生在加拿大安大略省布罗克维尔（Brockville）小镇附近的一场骚乱，让即使是经验丰富的野营者也觉得有点……嗯……愚蠢。一场关于地球是圆的还是平的争论促使一名愤怒的男子将一堆露营物品扔进了火堆，其中包括一个丙烷气罐。消防员赶到的时候，他已经离开了现场。原来那个相信“地平说”的户外活动爱好者是“气罐投手”的儿子的女朋友——所以，你知道的：不是一家人，不进一家门。然而，尽管像她这样的人脑子里存在着一个异想天开的社会，但我们毕竟不希望其他头脑清醒的人会对上千年来建立在毕达哥拉斯、伽利略和乔尔丹诺·布鲁诺的可靠研究基础上的科学知识提出质疑。又或者我们希望？事实、真理和证据不再一如既往地发挥它们的理性感染力。我们的景观中充斥着假新闻网站、垃圾科学、对事实核查不屑一顾的政客，以及似乎让我们变得更加蠢笨的谷歌搜索，这些都让真理变得多余。我们在充满混乱、分歧、错误的目标和模因的黑暗海洋中迷失了方向。

当然，我们以前也经历过这种情况，只是可能没有如今这样无孔不入。在人类事务中，错误的信息、花言巧语的欺骗、虚假的信仰体系和明显的无知皆属常态，而非例外。但在过去的大多数时代，人们都认为这是需要积极应对的坏事。柏拉图承认了这一可悲的事实：“信念关系”（doxa）在日常生活中占有支配地位。他用对知识（episteme）的有力辩护进行反击，而这些真知只有哲学家才能辨别。如今，连哲学家们自己也不再相信像柏拉图这样的哲学家了。我们转而提出的那些不再朴素的——实用主义、经验主义、可证伪的——真理见解都不可遏制地走向了怀疑主义和相对主义。如果真理既非神定，也不具有形而上学意义上的可靠性，那么它看起来就像是一个烂笑话或一场权力争夺，一个知识上的空头支票骗局。本丢·彼拉多曾反问“真理是什么”以表讽刺，他甚至并不指望能得到答案，或许他是对的。

但放弃真理的代价是惨重的。2016年盛夏，当某一事件发生时，如果不提及有望获得共和党总统候选人提名的唐纳德·特朗普，人们很难对任何公共生活问题发表评论，而随后当选总统的特朗普也确实代表了后理性竞选方式的新阶段。乔治·W. 布什的那些愤世嫉俗、拥护政治现实主义的助手曾称，他们是利用权力创造了现实。这个段位可是博士级的，尤其是和如今混乱随性、口无遮拦的新共和党政权相比。重要的是，无论是在特朗普竞选期间还是如今在其总统任期内，对这种危险的胡言乱语的理性回击，几乎无济于事。言行被纠正，往往会让人感到羞耻和困惑，而现在，这只会激发对方的加倍回击：大家都是这样说的！实际上，在这场愚不可及的闹剧中，许多重要议题，例如气候变化、外交政策等，都被拉着做了陪衬。要郑重声明的是，没错，希拉里·克林顿在竞选活动中也同样谎话连篇，只不过谎撒得比较圆而已。

在2016年特朗普当选总统后的几年里，他脱口而出的半真半假的话和赤裸裸的谎言，就像蘑菇在装满肥料的地窖里一样肆意疯长。毫无疑问，这是一种新的无聊——沮丧的选民们麻木不仁，眼睁睁地看着自己的国家被一个喷子破坏，而这个喷子还打着“美国优先”和“美国复兴”的幌子。[1] 2016 年，当特朗普在总统大选中获胜时，一个名叫埃里克·哈格曼（Erik Hagerman）的人决定戒掉所有媒体——不使用社交媒体、不看电视、不听广播、不用互联网。哈格曼在位于俄亥俄州的自己的养猪场践行着这样的生活。他这一明智决定是如此独树一帜，吸引《纽约时报》刊登了一则描写他的人物小传。[2] 哈格曼谈到他的决定时说：“这是个残酷而彻底的决定，并不是我想避开特朗普或转移话题那么简单，而是仿佛我是个吸血鬼，特朗普的哪怕一丝光线都会把我化为尘土。”颇感震惊的《泰晤士报》记者这样写道：“这是美国现代史上最重要的篇章之一，而他竟然做到了让自己对此一无所知。他的无知程度已经达到了当代公民的极限。”

现年 53 岁且独居的哈格曼说：“我只看天气预报，但只是为了消遣。”他随后说的这句话正中我们此刻的讨论目的。“我很无聊，”他说道，“但这并没有困扰到我。”《泰晤士报》的作家萨姆·多尔尼克（Sam Dolnick）发现了其中真正的利害关系，他写道：“要找到无聊，需要精心地策划。哈格曼像一个体验派演员一样全身心投入，他强加于自我的生活方式——

听着咖啡店的白噪声磁带、忍受朋友们令人难堪的责骂、全面抵制社交媒体——已经在很大程度上重塑了他的生活。”这是当然。但这是有钱人的奢侈生活方式吗？哈格曼曾是耐克公司的高管，他能够承受其他人可能根本无法承受的媒体真空状态。他的无聊是一种绝大多数消费者都买不起的凡勃伦式的商品。如前所述，它与创造性无聊有一定联系，但也具备当前将负担变成快乐的特殊新自由主义环境的要素。这是一种非常高级的无聊思维。简言之，它是一种将外部世界无效化的刻意的龟缩行为。真理对于躲在外壳里的人不再重要；同样，谎言和胡扯也不再重要，尽管它们的累积效应是对理性本身的侵蚀。

唉，哲学一直追求理性权威的地位，却总是徒有希望，无法持久。我们想表达的是，在做出任何哪怕是离奇或未经证实的断言时，都应持有一种对真理的基本尊重。当我们观看晚间节目里专家的夸夸其谈或者翻阅屏幕上厚颜无耻的固执己见时，我们有理由心生疑窦。这是理性的外壳，一个由巧舌如簧的话语和“这即是话语”的集体错觉共同构成的外壳。我们必须像马丁·路德那样，将理性一分为二（尽管他把重要性顺序搞错了）。侍奉性的理性运用论证形式来服务于现有的信念，使他人相信我的立场坚定不移。相比之下，权威性的理性是自主的：它公开参与辩论以追求真理，哪怕求而不得。

如果证据和论点与我先前的认知相悖，理性就会要求我做出改变。

而与此同时，那些跟踪这些数据的公司，比如谷歌、脸书及亚马逊，正日益智能化。它们的高级算法可以跟踪并收集用户的搜索记录、好友请求或购物偏好等数据，并生成最新结果，使其对用户的刻画准确到出人意料，甚至令人不寒而栗。在某种意义上说，算法对我的了解比我对自己的了解更深——据德勒兹对“可被分割的个体”的洞察，其中一个重要原因在于，人们逐渐淡忘了我们珍视的独特内在自我远不止这些搜索、请求和偏好。先进至此的算法构成了一种全新的人工智能形式，它利用我们对技术的沉溺来对付我们。面对这类企业，唯一的选择似乎是彻底拒绝，尽管它们看起来已与我们的日常生活密不可分，即使是特权人士也都离不开它们。你无法选择将哪些数据提供给亚马逊：你购买的每一件商品都是一个数据点，用以与你以前和将来买的商品以及所有其他人以前和将来买的商品进行进一步分析比对。

也许有人会遵循拒绝原则，但亚马逊一心要让自己成为人们生活中的必需品——它提供的在售商品越来越多，有时在短短数小时内便可送达，甚至在你出门在外时（经你许可）将商品安全送入你的家中。亚马逊公司的标志看起来像一个调皮的微笑。当人们习惯了标志上那个从字母 A 指向 Z 的弧形箭头时，这种拒绝就变得像极了惨遭遗弃。截至 2018 年，这些各式各样的服务为亚马逊创始人杰夫·贝索斯（Jeff Bezos）赚得了 1431 亿美元的个人资产净值。当然，这个数据是我用谷歌搜索到的。当今时代，做研究不用谷歌几乎是难以想象的事，即使是我这样的传统主义者也不例外。我可以轻而易举地一边写着这篇文章，一边在同一块电脑屏幕上调出浏览器窗口，检查拼写、核对事实或确认我记不清的一些参考文件。同样，我没法限制或筛选我的数据。（我可以清除浏览器历史记录，但搜索痕迹早已被记录在别处。）

外部的搜索和请求被监控，并被纳入到选择决定程序中，与此同时，同属一家公司的技术也正走进我们家中。最初笨重的智能电视和内带食物新鲜度监视器的冰箱，已被改造成无处不在、无所不能的声控个人助理，而与此相应的代价是你的每句话都会被记录下来。亚马逊 Echo（又名 Alexa）、谷歌助手，以及苹果公司成功在望的 Siri 已经让各地消费者翘首以盼，它们可以响应用户发出的播放音乐、接打电话、切换频道、买电影票、查询天气、预订晚餐等各种口头指令。在撰写本文时，这些仍然是相对稀有的奢侈品，而且对这些乐享其中的用户来说，隐私泄露和垂直整合的边际成本似乎不值一提。最近，此类系统的一则宣传广告中展示了这样一幅画面：一栋灯火通明的现代化住宅在山腰上安居一隅，像是直接从《建筑文摘》（*Architectural Digest*）杂志上搬下来的。这个极其富有的家庭，依靠着有求必应的用人、监控、管家三合一的隐形科技，生活得其乐融融。头发见白的父亲已是知天命之年，仍风度翩翩、笑声爽朗。作为一种幸福的愿景，这则广告所传达的信息再清晰不过：家庭亲密、物质舒适、欲望满足和心情愉悦的无缝结合，这一切能够实现，都得益于记录你的对话、跟踪你的选择的系统。显然，没有在家中配备这种神奇设施的人都是失败的。

当然，正如我们所知，技术一旦投入使用，新颖奇妙的光环就会迅速黯淡下来，今日奇迹很快便成明日黄花。屏幕的无孔不入也算是尽人皆知：它们（挑一个令你毛骨悚然的比喻）是吸血鬼，是致幻剂贩子，是僵尸病毒。美国人平均每天用在看手机上的时间为 3～4 小时，而每天花在各类屏幕前的时间更是长达 11 个小时。因此，在下一场革命中，我们一定会从面对屏幕转为彻底融入其中。如此一来，可以说我们在 2018 年达到了“屏幕顶峰”时刻，也由此进入了互联网技术覆盖家庭、街道和办公室的近未来时代。如今，界面存在于我们周围环境的方方面面。它真真切切地存在于空气中。不，更准确地说，它就是空气，是我们每天呼吸的能让人瞬时满足的空气。法尔哈德·曼约奥（Farhad Manjoo）就是这个即将来临的转变的拥护者之一。他提到，无屏幕的个人助理可以带来“新的体验：摆脱了巨大屏幕的移动电脑，可以让你在四处奔走时也能把事情搞定，而不用担心注意力被屏幕转移。想象一下如果不用在应用软件上没完没了地点来点去，只需告诉你的无线耳机：‘帮我预订7点的晚餐’或‘查看我妻子的日程，看看周几晚上我俩有时间约个会’”。[3]没错，想想看吧！

力挺完全沉浸式的技术环境的花言巧语，在明智的警告中，掺杂了界面支配下看似无害的新动作，这一招着实引人注目。曼约奥主张：“屏幕是贪得无厌的。在认知层面，它们是贪噬你注意力的吸血鬼。一旦目光在屏幕上停留，你八成难逃虎口。”的确，研究表明，只要在一名习惯性用户近旁摆放一部智能手机，就会导致其认知能力下降。许多科技评论家已经开始严肃地探讨屏幕时间所具有的成瘾特质，以及用户自愿成为有史以来几家最富有公司的人质所带来的经济成本及个人成本。曼约奥警告说：“你的手机如此令你难以抗拒，以至于你一看到它就把持不住，光是为了克制自己不去看它，就要花费大量额外的宝贵精力。”这套说辞现在已经是老生常谈了。他认为有两种可行的解决方案。第一种是，在用意志力抵制手机的同时，或许可以借助能够限制你使用手机的元技术。例如，屏幕使用时间这项功能可以显示你在手机上花费的时间，甚至可以阻止你访问某些应用。其他限制访问的应用包括 Freedom、Self-control、AppDetox、Cold Turkey、Block Site、StayFocusd。还有更多新近出现的自我控制应用软件，例如：Moment 也可以计算屏幕时间；Forest 是一款图形应用软件，当你不使用手机时，其界面上会生长出一棵健康的树，而只要你一碰手机，这棵树会立刻枯萎死亡化为灰烬。

我们当然知道人的精神很脆弱，所以仅凭意志力恐怕无法打破人们的上瘾循环。在 2018 年的一篇报刊文章中，一位匿名心理学教授指出，这实质上是一种善与恶的斗争：我们希望通过抑制短期快感以谋长远。在手机应用出现之前，就曾存在（并且现在也存在）自我控制机制，例如：一次只买一支香烟以抑制连续吸烟行为；将闹钟放在卧室隔壁的房间，强迫自己清醒起身。我们甚至会选择封锁诱惑或采取自残等暴力行为。与成瘾本身一样，以上所有机制的弊端在于其随着时间推移而产生的耐受性：自控机制变得如此舒适以致失去效用。当记者问她本人是如何克服手机瘾时，这位教授坦言："我的做法可能不值得效仿。当我有一大篇论文待完成时，我会将所有密码改成我记不住的一组随机数字。"她稍作停顿，

“然后把密码藏在抽屉里。”又一次长久停顿，“我把它藏在家里的抽屉中，这样一来，即使我在工作时想查看消息也无计可施。我就是不相信自己或者说不相信自己的自控力，所以干脆决定直面这一现实。”[4]

这种自我信任的缺失在轻度和重度上瘾者中都很常见，它让杰伦·拉尼尔（Jaron Lanier）这样精通科技的怀疑论者的忠告显得力不从心。拉尼尔是计算机领域的先驱，最近成了社交媒体的狂热批评者。他出版于 2018 年的著作《立刻删除你的社交媒体账号的十个论证》（*Ten Arguments for Deleting Your Social Media Accounts Now*），书如其名，就是一系列论证。[5]也就是说，这些理性主张针对的是理性行为者，他们的动机可能出于自身利益，而不是贴心的理性分析本身，但他们仍愿意广纳谏言。任何基于论证的自控指令若要生效，前提是代理人已经接受了规避媒体的观点，并且具有足够的自控力来执行相应的策略。与此同时，人们对在线“联系”的渴望继续滋生着异化和两极分化、错误的流行观念，以及为了实现私人利益而进行的大规模数据收集——而这些私人利益实际上明显控制着公共交流形式。正如拉尼尔所说，即使对社交媒体的使用看似有益，但其会导致人类“尊严、幸福和自由”的净损失。或许仅仅意识到这一点已经足够了（但剧透一下：这还不够）。拉尼尔未曾提及的是，社交媒体对各类人群造成的危害并不一致，在某些方面——例如对社会地位永无止境的焦虑——年轻女性所受的影响比年轻男性更大。[6]

因此，至少对某些人来说，还有第二种解决方案：换一种致幻剂。曼约奥兴奋地说："一个可以降低用眼需求的数字生态系统或许对所有人来说都更有益，它可以减轻沉浸感、上瘾感，更有利于多任务处理，减少社交尴尬，甚至可以改善政治关系、社会关系。"但这些好高骛远的说辞难以让人信服：我们凭什么认为解决技术过剩的办法就是运用更多的技术？声控个人助理技术究竟是如何做到"快速精准"搜索的？相较于让人流连忘返的屏幕，他又打算如何"减轻沉浸感、上瘾感"？诚然，视觉刺激可能确实是我们体验的最强刺激，但有屏幕的存在，至少你还可以认清自己其实是嗜瘾的奴隶，是导致你成瘾的注意力经济型企业的利益的奴隶。当这类公司派出的间谍顺理成章地进入你的家庭生活，成为你无处不在、和蔼可亲的数字管家时，人类精神与软件的融合也就水到渠成了。尽管这篇分析文章的口吻中带有革命的热忱，标题中也提及了"革命"一词（参见尾注 3），却几乎没有具体提及全新层面的无处不在的联系将如何"改善"政治关系和社会关系。毫无疑问，如今技术借由社交媒体的形式已经对这两种关系造成了破坏。无屏幕网络究竟将如何力挽狂澜呢？Alexa 是会为我们投票，还是会替我们四处游说疏通？人们完全有理由悲观地断定，如今唯一正在进行的革命，正是那些已占据支配地位的科技巨头给我们的一个新玩具——换汤不换药罢了。

我们还是坦白说吧：即使我把所有的杂活都丢给 Alexa 或 Siri，游戏和那些毫无意义却又让人乐不思蜀的应用程序仍然会毁坏我那不堪一击的认知能力。屏幕使用的顶峰还没有到来。瘾嗜仍会通过我们的眼睛，偷偷潜入我们肉质鲜美的大脑。（更多有关上瘾的内容，我将在第三部分讨论。）

当然，并非所有使用这些工具的人都会感到孤独、无聊，社交媒体用户也不是都会发布恶意挑衅的帖子。但科技从来就不是中立的：它的倾向和偏见往往会随着易用性和熟悉程度的提高而被淡化，却在事实上影响着我们的反应和态度，甚至塑造了我们不安定主体性的基础。我们日复一日地在网站上花费的时间和键入的内容似乎是有意义、有关联的——用界面最热门名词的动词化形式来表达，我们是在“交友”。键盘理应传达意义，就像是艺术理应带来快乐一样，但是要想实现，恐怕遥遥无期。[7] 有时我们因无聊而去翻阅屏幕，但往往发现自己只会收获滚动屏幕本身所带来的永无止境的无聊。

我们又一次在一个接一个无谓的消遣中辗转，即使我们的方式从按键和滑屏升级到了语音命令，也是万变不离其宗。我们对于这些技术的主动关注，以及想要与外界产生联结的可悲需求（哪怕仅仅是在亚马逊购物或随便发一篇推文），造就了如今越来越强大的人工智能，它在这些不完全的人的生活中几乎畅行无阻。既然无法通过更多的刺激来缓解已经过度饱和的 ennui 精神状态，我们便索性让更有目的性和连贯性的实体占些先机。毕竟，我们已经心甘情愿地接受了这种囚禁。在这让人翘首以盼又扑朔迷离的联结中，孤独孕育出了孤独。

这时候，人们总会说这种担忧是杞人忧天，甚至是在散布无端的恐惧。如果你没有什么可隐瞒的，为什么要对监视大惊小怪呢？让跟踪我们一举一动的算法给我们一些购物建议，有什么问题呢？或许我们不该再担惊受怕，而是应该对我们的新购物网站和搜索引擎巨头们表示欢迎！或者与之相反，我们应该提醒自己理性思维的真正含义：承诺永远尽可能做到彼此重视，而当自我似乎进入一种不堪一击、转瞬即逝的状态，并沦为应用程序、点击数、数据库管理系统（DMS）和搜索关键词的堆砌时，尤其需要如此。无意间沦为标题党的点击率贡献者的自我，对真理的需求并未减弱，而是更加强烈了。在信仰“另类事实”（alternative facts）和后真相的时代——信仰无须任何依据的时代——我们必须重新致力于真理的规范化，借此对抗任何形式的界面所带来的广泛影响。但是，为了适应当前的社会政治背景以及身处这一背景中的我们的消费者公民地位，我们必须改变对哲学批评的通行认知，即哲学批评从根本上是具有启示性的。这可能会很困难，但我保证，绝不会无聊。

铺天盖地 24 小时循环播放的新闻让人心力交瘁，人们觉得这实在太无聊了，于是一步步增强自己的信念，好让政治更符合自己的口味——这一说法尽管有一定道理，但不完全准确。我认为更准确的描述是，公民这一公共身份的可持续意义逐渐消耗殆尽，迫使我们返回自身，压榨我们自己常常很是贫瘠的内在精神资源。与无聊的关系应该趋于明了。当文字和表达的意义不同以往，或只有随具体情况任意更换的"另类"意义时，我们就陷入了意义危机——政治理论家迈克尔·E. 加德纳（Michael E. Gardiner）称为"符号资本主义"（semiocapitalism）。虽然传统的晚期现代资本主义批评家会"探讨关于诸如焦虑、抑郁、冷漠或恐慌的情感状态与资本主义条件下的缺陷性主体的关系"，但是，"对于我们这个时代公认的最常见的情绪或情感——无聊——他们并没有提供持久有效的解决方案"。[8] 无聊"被理解为一种具有好坏参半式（以及包围式）的特性，却实实在在可感的情绪或情感状态，它与资本主义生产方式有特定的关系”，我们必须以新的方式加以应对。具体来说，加德纳的观点与我一致，即 21 世纪的新型无聊与那些“资本主义生产方式”紧密相连，其中就包括了媒体循环中无休止的内容播送。在这种循环中，不仅辩论成了荒诞的双方斗法，连某个原本严肃庄重的国家的首脑都可以对其所有民众进行全面的无理洗脑。2018 年，特朗普总统曾在 7 月的一次退伍军人集会上对支持者们叮嘱道：“跟紧我们就行了。不要相信从他们那里听到的胡言乱语和虚假新闻。你只需要记住一点：你所看到的、读到的，都不是真的。”

因此，我们怎么能说真理取决于我们对它的诠释，却不会陷入符号资本主义的混乱呢？一种解释学和批判理论的正统观点认为，真理总是取决于语境。某个说辞的合理性大致取决于特定的解释框架或方法，这些框架或方法会产生在特定话语中可以被视为合理的等同于真理的说辞。这种时常被指责为后现代主义的观点实际上是高度现代的，并在真理领域常常被人们抨击为“相对主义”或“主观主义”。事实显然并非如此，因为语境决定论禁止将不同语境下得出的真理进行比较，否则这些真理便是相互之间全都同等重要了（亦即大部分人所说的相对主义）；另外，把世界归于完全单一观点的描述（即大部分人所说的主观主义）也被筛除了。与此同时，保守派政府官员肆无忌惮地打着所谓后现代理念的旗号，但这种行为向来不是坦诚开放的，而是见利忘义、一心谋私。当然，这并非激进派批评家的责任，尽管最初正是他们使用了这些思想来探究权力和信仰的具体化结构。[9]

早已有人注意到了这一认识论争议的道德和政治意味。是否存在衡量合理行为和判断的统一标准？还是说仅仅存在不同文化各自的惯例？我们能否根据可靠的客观标准来决定有关行为和评价的问题？还是说，我们只能永远陷在无休止的无法解决的争端之中？如此说来，这是一个关于标准化评价的错误分歧。确实可能存在具有行为指导意义的可靠的评价标准，即使这些标准不会自诩其普适性或超人类地位。我们不需要以委身于客观主义立场为代价，来换取合乎道德的生活。语境主义提供了一条颇有希望的途径来摆脱这种可能造成恶果的分歧，我将在下文探讨其中一个角度，并为之辩护。主客观的束缚事实上是一种自我强加的禁锢，我们可以从中解放自己，而压根儿不会引起混乱。

然而，当下更加有趣的是语境决定论的政治意味。如果我们谴责“后现代”激进派以一种公开的意识形态的方式让真相屈从于政治目的，那么，坐享其成的实际上是保守派分子。

这种渔翁得利现象的重点在一段佚名语录中体现得淋漓尽致：大多数人居住在“所谓的基于现实的社区里”，这些人被描绘为“相信事实清晰可辨，只要做些审慎的研究，答案自然会浮出水面……当今世界已经不按这一套运作了。我们如今是一个帝国，只要我们出手，就可以创造我们自己的现实。你正研究着这个现实——用你自认为审慎的方式——我们已经再次出手，又创造了新的现实。你当然可以继续研究新的现实，事情就这么解决了。我们是历史的演员……而你们，你们所有人，只能跟在我们的行动之后亦步亦趋地研究”。[10] 现在，有可靠证据表明这段语录正是来自乔治·W. 布什的战略规划师和幕僚长卡尔·罗夫（Karl Rove）。后现代保守派实用政治就是这样创造了“现实”“事实”，以及（关键的）为追求特定政治意图而对所谓的“谎言”提出不当指控。或许对今天的许多人来说，最令人惊讶的事情是，这一切的始作俑者绝不是特朗普——这位出人意料当选的美国第 45 任总统。

2. 注定落空的愿望

关于话语，尤其是在政治话语的无知论述中，最为基础且错误的臆断，是认为“事实”或者说“事件的真相”与针对这些事实众说纷纭的诠释迥然不同。这种假设体现出一种自以为是的错误：一是认为，诠释随附于一种基本现实，一种我们通过努力和方法，或者通过相互矛盾的诠释之间的三角关系有望辨明的现实；二是认为，基本现实一旦明朗，将对我们手头的任何事情都产生决定性作用。比如，回忆一下观看黑泽明 1950 年的经典电影《罗生门》的经历。在令人毛骨悚然的近乎重复的片段中，我们看到了围绕一则日本乡野的强暴和谋杀事件展开的“同一”系列事件的几个对立和矛盾版本。但是最终我们发现，这四种依次呈现的故事版本都是利己的、怪异的、无定论的。我们对此该怎样理解呢？这是不是说，事情的真相与任何一种叙述都不完全相符，但每一种说法中都包含了真实成分？或者说，是否存在任何单独的个体都无法描述的另一种原始的故事版本，但从上帝视角（或观众、导演的视角）可以推断出来？最令人不安的是，如果真相意味着一系列稳定的行为与反应、动机与后果，那么真相也许根本不存在。最后一种情况当然是可能性最大也最重要的：人类的事，尤其是极端事件，并不会受我们对“事实真相”的“合理”假设左右。这部电影既强调又否定了这一假设，它的批判逻辑与我们所谓的现代批判理论的揭示功能异曲同工。

它揭示出来的不是真相，而是我们炽热、强烈却注定要落空的愿望——我们企盼一种能让所有对立的叙述无立足之地的客观真相。这种愿望可以说颇有柏拉图—笛卡尔式遗风，是一种可以理解但无法实现的欲望——试图把自己的信仰和行动的责任转移给某种更高的力量。就其本身而言，我们长久以来对不折不扣的真理的渴望，像极了意欲戒瘾的人强烈渴望能有人把他从自己的责任中解救出来。可惜事情没那么简单。认识论是不可能解救我们的。

因此，我将电影美学的介入与同时代的批评理论相结合，是有多重理由的。首先，我们可以探究在20世纪中期，针对所谓的揭露义务，拥有共同冲动的尼采哲学的研究者、马克思主义者、弗洛伊德学派的怀疑主义解释学是如何达成思想共识的：从非常广义的角度来说，思想从来都不是无辜的，意识形态的作用无处不在，我们会压抑自己的压抑意识。于是批判性干预便表现为将不为人知的隐情——安抚性的社会习俗、政治自欺和心理压抑——一一揭露。社会和心理学每天都在奋力维持那些安抚人心、为当前安排铺路的幻象。而这种揭露义务，充分利用了人们敏锐的洞察力，以及对于“一切理所当然”的窠臼的抗拒心理，来对付这种虚伪的骗局。

我之所以赋予这种冲动“高度现代”的特点，是因为它从根本上牵涉后期启蒙运动这个更宏大的主题。但事实上，这一联系有着悠久而复杂的历史渊源，尤其是在政治和哲学领域。我们可以顺理成章地追溯到康德在《什么是启蒙运动？》（*What Is Enlightenment?*）中著名的训诫：要有独立思考的勇气（sapere aude）。但是，我们同样可以费些周折、上下求索，着眼于更古老的苏格拉底式的诡辩，以及在日常生活的用语和概念中对虚假意识的揭露。简言之，即哲学的基本批判方式。

但这一立论尚不够扎实，这也在意料之中。于是我们又有理由把"罗生门效应"与我们对"后真相"的描述联系在一起。传播学理论家罗伯特·安德森（Robert Anderson）的著作使"罗生门效应"一词广为人知。"罗生门效应不仅是关于视角的差异。当视角差异出现的同时，恰好缺乏能够证明或驳斥任何版本的真相的证据，再加上社会压力要求对这个问题做出了结，在这种特定条件下，罗生门效应就会出现。"[11] 最后一个条件是必不可少的，因为它表明对事件的多重诠释会引起动荡，但同时也会由此被驱使进入新的稳定状态。这种"了结"无法再打着基本现实的旗号，因为后者牵涉了对"事实真相"无知或天真的认知，但它仍然具有一种共识秩序的规范性力量。

这种冲动迫使我们正视自己的潜在臆断和思想上的预先

承诺，而正是这种冲动，必然迟早会认识到其自身臆断和预先承诺的二阶问题。最明显的是，反身性不足的批评理论产生了一种述行矛盾（performative contradiction），因此，对于隐情的揭露导致揭露行为本身具体化了。大致来说，对“真实情况”的揭示只是落入了保守的本体论信念陷阱。我们摒弃了对于世界原本面貌的质朴的现实主义认知，转而采用一种“开明”的自欺欺人的世界观。但后者与前者一样，都坚定地遵从基本现实的理念。

容易被忽视的是，揭露行为的重要性可能并不明朗：毕竟，让迄今隐藏的想法和承诺浮出水面，我们能得到什么？（当然，水面和深度的意象在文学作品中很普遍；尤其令人印象深刻的是弗洛伊德提出的著名的冰山比喻，其中提出人约有 85%“在水下”的潜意识。）

因此，随着对这些缠结的认识需求越来越刻不容缓，理论家们开始真正转向后现代主义。此处我指的是让 - 弗朗索瓦·利奥塔尔（Jean-Francois Lyotard）在他的著作中提出的传统的“对元叙事的怀疑”，同时也包括对标准批判理论方法的信任危机引发的模拟逻辑的回归。这一问题在阿多诺的后期作品中，甚至在罗兰·巴特的作品中已经有所体现（尽管不那么生动）：如果理论工作是通过去自然化的手段来揭示假定和权力关系，那么，我们如何避免理所当然地把所揭示的内容认定为更真实的情况呢？[12]阿多诺认为这是一种“看穿”的基本方法，他有理由为它潜在的混乱和结局感到不安。也就是说，揭露的逻辑似乎伴随着一种对（现在）所见的、不可规避的事物暗含的具体化。只有坚定地拒绝这种逻辑，才能保持批判的态度。值得注意的是，批判的功能现在必须转变，因为我们不可能再要求诠释具有权威性，也不会再要求诠释与被诠释对象具有假定的等级关系。如果这样，我们可以说，诠释将会畅行无阻。这并不意味着放弃知识和信仰的规范性，但无论如何，它都突显了批判的要点。正如我将在第四部分中总结的那样，我们只能通过不断进行哲学批评的方式来应对界面的不断刺激：这是新自由主义无聊向哲学无聊过渡时揭示出的一个关键见解。

当然，尼采本人也曾在那篇被广泛引用的关于事实与诠释的文章——《没有事实，只有诠释》——中窥见了认识论的局限性。然而他忽视了一个关键点，那就是他自己的洞察力，或许是因为尼采太过于沉溺探索知识所带来的快乐，以至于不能完全投入其中。在其后一个世纪的中叶，巴特等人已经把语言学的结构主义“装置”放入到了他们的文化批判“工具包”里了，但是他们仍然没有停止对透彻的洞察力的追求。1957 年，巴特在极具开创性的流行文化研究著作《神话修辞术》中写道：“这本书有两个关键性因素：其一，对所谓的大众文化的语言进行了意识形态批判；其二，首次从符号学的角度对这种语言进行解读：我新近读完了索绪尔的书，开始确信，把‘集体表象’当作符号系统来处理，有望比装模作样地谴责更进一步，进而能详细地解释将小资产阶级文化转变为一种普遍文化的神秘把戏。”[13] 我们在其中看到了对揭露行为标准的（也更有说服力的）描述。巴特一直希望我们能发现文化生产和文化消费的“神秘把戏”背后不为人知的一面。因此，“去神秘化”的计划预期，通过精确地展现二者的利益起源、局限性和政治倾向，它将逆转特殊（小资产阶级）利益向普遍（自然）规范的转化。我们仍然活在受苏格拉底影响的世界里。

阿多诺当然也曾在这个问题上煞费苦心，但就避免“装模作样地谴责”这一方面，巴特要比他持之以恒得多，因为在巴特看来，这无益于此部分的研究。阿多诺明白，他对露营、日光浴、电视、广播、爵士乐和电影等项目的消极评价都是保守的。尽管不情愿，但他也逐渐意识到，这些批评是毫无意义的。如果巴特意识到谴责不是重点，理解才是重点，阿多诺就没什么站得住脚的立论了，那么他就只能像个偏执狂一样，不合时宜地叫嚣着：“滚出我的草坪。”

在我看来，只有居伊·德波和让·鲍德里亚才真正体会到了其中的艰难。[14]我们必须重视一种观点：事实真相并不存在，文化也不是一个旨在支撑诉求清晰的中产阶级利益的骗局，而是由空洞的符号和随机场景组成的自由游戏，这些符号和场景确实会强化当前的利益，但并不是以隐藏可发掘的真相的方式。相反，基本事实有目共睹：游戏中没有决定性的真相！事实上，只存在对真相的解读和文化内容的半随机配置在旁敲侧击、循循善诱，却绝不会（也不能）直截了当、开门见山。真正的后现代主义者才会理解这一点，他们不会下意识地回到试图揭示真相的解放逻辑中去，而是会接受现实和幻象之间的区别是不稳定的，甚至根本不存在。

当然，这在政治层面意味着，尽管景观理应在媒体的不断刺激中将所有无聊都消除殆尽，但其全面胜利会使所有其他评价尺度黯然失色。如今这位“电视真人秀”风格的美国总统的出现，预示着真伪难辨的认识论体系即将现身。人们可能会在造成这些消弭的结构条件上徘徊不前，例如对传统权威的侵蚀、社交媒体的广泛传播、对“现实生活”现象学的侵犯，但它们都指向同一个结论——我们再也无法辨明真伪，无法分清现实和表象。这个旷日持久的西方哲学命题已是行将就木，其结局就是：不仅所有人都能畅所欲言，而且任何一个畅所欲言的人都有可能当选世界上最强大国家的元首。欢迎来到后现代世界！

3. 信念上瘾和理性矫正架

2017 年夏，夏洛茨维尔（Charlottesville）发生了一场极为危险的纳粹主义散播仇恨的集会，这一活动除了暴露出当前美国政府的严重道德空白，还表明在处理基本意识形态分歧时，我们需要更多的同情心和同理心。相关专家在美国国家公共广播电台上发表演说，谈论如何认识那些容易产生右翼愤怒情绪的人的心理创伤；学校开设了一些策略课程，让那些在政治辩论中持“另一方”立场的人参与进来。虽然说这些努力和情感是高尚的，但注定要失败。哪怕只是泛泛了解理查德·斯潘塞（Richard Spencer）或戴维·杜克（David Duke）的观点（更不用说美国第 45 任总统特朗普的推文），我们也会明白：在美国，理性地对抗是不可能的。纳粹主义是不可原谅的，这是我们的道德底线。同样，作为公共话语的创造者和潜在受益者，我们也应该认识到，大多数人实际上往往顽固不化。即使是较优论点的非暴力的说服力——借用典型哈贝马斯式的语言——也总是与实际论点相冲突，因其只是一种哲学幻想。如果我们因为自己和他人未能达到理想中高层次的言语境界而进行非难，抑或是把宣传手段想象成一根缓解政治冲突的魔杖，那就成了约迪·迪安（Jodi Dean）所说的“媒体自我吞噬行为中的哈贝马斯式受虐倾向”。[15]不，我们必须改变这种批判式干预策略。

正因如此，在公开的辩论中，我们需要的绝不是加倍努力地理解对方——这样说让我很不好受，而理论上拥护理性规则的人一定也深有同感。理性公共领域的乌托邦只是一种空想，以美国式的核心价值观、加拿大式的忍耐力或其他政治幻想的形式鼓励人们去发现它，只会无功而返。相反，我们需要的是社会科学家所说的“矫正架”（scaffolding）。这个词的意义有点类似于实施空中交通管制、建造公路环岛、竖立出口路牌和履行排队惯例等措施。当个人利益可能导致混乱时，这些小机制可以让人们调节自己的行为。在更微妙的情况下，例如前文提及的屏幕时间诱惑，我们可能会试图通过应用程序来克制自己的欲望，这些应用程序会封锁社交媒体的访问权限（美国的“首席赋能者”不妨用一用）。界面特有的抗成瘾矫正架可能会包括严格的媒体禁断、沉思冥想和运动管理的计划，并且运用技术将这种注定会促使我们追求无止境刺激的新自由主义无聊转变为哲学思考。当然，在极端情况下，我们甚至会对那些遭受伤害性身体成瘾折磨的人实施自由管制。瘾君子虽然可以试着去接受治疗或自我控制，但公认更加有效的方法是不接触致幻剂，甚至进行良性的行为矫正。所有这些都是瘾嗜的矫正架。当然，与此同时，界面本身也是一种矫正架，它或轻或重地将人类的行为推向特定的方向，如果这些方向可以强化支配着整个媒体界公司的资本家利益，那么情况更是如此。矫正架本身从来都不是中立的，而可能是本着完全不同的目的搭建的：创造更多利润丰厚的市场，并树立信念来维持这些市场，与更有益于社会和个人的行动一样，都是可行的行为。

在这一点上，我们为什么不承认政治信念也是人类行为中需要外部控制的一个方面呢？我们可以把它称为信念上瘾（conviction addiction），这种上瘾与滥用药物所带来的痛苦有相似之处，但当然更类似于对媒介使用的那种上瘾。事实上，这两者经常是形影相随的，因为某些特定的平台，特别是在我们这个时代的推特，都允许和鼓励人们去表达坚定的甚至耸人听闻的观点。这种观点表达的形式是刻意简短的，几乎是电报式的：你必须提出你的“论点”，然后迅速退出，由不得人字斟句酌，而是鼓励人们使用强烈、热切的语言。不然，你如何能获得让平台坐收其利的“赞”和“转发”呢？这里所体现出的界面特质应该是显而易见的：用户为一种感觉所欺骗，认为表达一个强有力的观点即是一种话语参与，因而会有多种动机来略微夸大自己的观点。而具体的回应和一般意义上的持续争论反过来又鼓励了这种棘轮效应[1]。信念变成了自己的致幻剂。诚然，有些人可以像没有酒瘾的社交饮酒者一样，懂得控制自己观点的表达，整天都能保持头脑清醒。而另一些人则会陷入一种行为粗鲁和随意发泄的模式，他们无法控制自己。这种“入门致幻剂”会打断你的思绪，迫使你提高音量以盖过反对的声音，故意曲解对话者们的言论——所有这些都是 CNN 新闻时段里的惯用伎俩，即使存在公认的事实，也能在瞬间掩盖任何关于解读的有益道德准则。渐渐地，信念瘾君子们开始对着隐秘力量大吼大叫，将种族群体妖魔化，吹起狗哨[2]——所有这些都是澳大利亚媒体 Rebel Media 或福克斯主持人肖恩·汉尼提（Sean Hannity）的招牌手段。最后，如果不加控制，他们会做一个法西斯式发型，穿上白色polo衫，点燃一支提基火炬。像“犹太人不会取代我们”这样的口号毫无意义，但此时这不是一个缺陷，反而是一个有利的标志。

[1] 指人的消费习惯形成之后有不可逆性，易于向上调整，难于向下调整。

[2] 指政客以某种方式说一些取悦特定群体的话，掩盖真实意图。

古典自由主义者认为，应该用更多更好的言语来应对糟糕的言论，认为思想的市场能做空行情不佳的股票，并将投资回报给绩优股。唉，可惜事实并非如此。精神的市场远没有管理财富的市场理性，后者会根据谣言、政策的微妙变化和胡乱的推文而上下浮动。因此市场监管、反垄断立法和证券交易委员会都是必要的。这些都是交易这块硬地板上的矫正架，旨在打击过高的利润率。由此，你可以想想看，哪怕是最贪婪的公司也比个人意识理智得多，而我们每个活着的人都能够在思想的世界里建立一个有限公司。这多可怕！辩证法在这里可行不通。仇恨者永远是仇恨者。

研究表明，正如我们在后真相条件下可能预料的那样，事实即使得到充分论证，对我们的信念状态也没有多大影响。[16]对于那些致力于思维的理性转变的人来说，这实在让人痛心。但是，如果我们想不再犯自欺的述行错误，那么只有接受理性的局限性才是切实可行的。这并不是抨击理性，而是强调理性在人类的思想和行动中所起的作用是有限的。因此，对理性的诉求往往力量微薄，尤其是在坚定的信念层面上（其中政治信念尤为突出）。可能会有一些虚怀若谷的人，在辩论中或大学课堂上受到哲学的影响后，发现自己的核心信念开始部分瓦解。这是奇妙、可敬又可怕的，当然也是极其罕见的。

这种事会发生吗？当然，任何教师都会对此有沉重的责任感。毕竟，有时候做一个理性的骗子很容易，做一个理性骗子忠实的“助产士”同样容易。有些人曾认为苏格拉底是神一般的存在，但另一些人则认为他是狡猾的戏法大师。

因此，我们要同样认识到所有人都有信念上瘾的特质，不要再幻想公共言论自由会在没有监管和其他形式的话语限制的情况下向理性倾斜。在某些情况下，言论限制和严格的互动规则可能是正确的选择，例如：禁止打断、禁止喊口号、禁止话题讨论！加拿大和其他国家的政府已经禁止发布制造仇恨的言论。我们要再接再厉，笃行参与者可接受的话语规范，对无益的公众愤怒进行惩罚，并且对社交媒体进行积极监管。我们甚至可以禁止媒体的专家组讨论！（这种情况可能不会发生，不过事实证明，每次这种建议出现，无论是左派还是右派都会齐声响应。）在这些条件下，我们仍将以康德口中具有象征意义的“恶魔的共和国”的形式共存，不过统治者换作了不安分的利己主义。但我们维持妥协状态的方式不是通过谈判，更不是大方接受，而是不沉溺于信念之中，多约束，少交谈。当我们不能在事实或真相上达成一致时，我们至少可以在坚持己见、追求我们各自的人生计划上达成一致。朋友们，这就是你们通往稳定未来的道路——方法就是不要试图成为朋友。

毫无疑问，许多人会认为这些温和的措施建议总体而言过于严苛和可疑。于是，在发表了一篇简短的支持观点后，我不出所料地遭遇了一场猛烈的网络暴力。[17]这些评论分别来自推特、博客、Reddit 的帖子、来路不明的电子邮件和一封编辑的来信——这并非巧合，长期以来，这位编辑一直在发表支持信念上瘾矫正架的言论。我听从了他的建议，我没有看发布这一论点的网站上的数百条评论，所以我不知道那里发生了什么。

对于那些仍然清醒的人来说，他们认为支持搭建矫正架的论点等于放弃了对话——事实当然不是如此，请允许我沿着以下的理性路线对这个论点展开论述。首先，放弃作为公共理性慰藉的同理心认同并不意味着对政府高压统治、审查制度、"官方"言论或所谓的言论自由运动所针对的其他社会难题的认可——更不用说这种所谓的言论自由运动实际上是新式右派的化身。比如，加利福尼亚大学伯克利分校举行的轰轰烈烈的"言论自由周"就是一个令人沮丧的例子。不知情者可能会以为这一活动是颂扬这所伟大学府中允许自由发表异议的优良传统。但事实并非如此：许多教授和学生抵制了这个活动，其中大多数是有色人种。他们认为，事实将证明，这一活动不过是一个平台，为史蒂文·班农（Steven Bannon）

和米洛·扬诺普洛斯（Milo Yiannopoulos）这类持鲜明观点的演讲者服务。

与此同时，确实已有人提议建立审查制度，提及此，我们不难联想到特朗普在2017年9月伦敦发生恐怖袭击后发布的推文。他先是指责伦敦警察厅未能阻止此事，六分钟后又表示，需要对这些“恐怖分子窝囊废”采取“更强硬”的策略：“互联网是他们的主要招募工具，我们必须将其切断并更好地利用！”正如一位评论员所说：“切断互联网？怎么做？为了谁？宪法是否禁止这种行为？总统似乎没有时间细细考虑这些细节，因为六分钟过后，他又在推特上写道：‘进入美国的旅行禁令应该扩大范围、加大强度、增加针对性——但愚蠢的是，这不符合政治正确！’”[18]根本没人管这意味着什么。

但更重要的是，认识到同理心在公共领域的局限性，丝毫不意味着放弃真正的言论自由。限制不是强制——概念上的省略本身就极其危险。与美国最高法院的观点相反，对仇恨的限制并不是对自由的限制。所有的言论都以某种方式受到约束；不存在伊甸园式的完全的言论自由，就像不存在由盲目的力量来执行理性经济结果的理想化自由市场一样。所有市场，无论是商品市场还是思想市场，都同样受到有利于某一方的监管。我对此的建议是，所谓的思想市场——这个表述本身就是一个非常可疑的隐喻，可能就是一个自由主义幻想——应该受到对务实共存有利的监管，而不是追求所谓的理性合法性，因为即使有着世上最完美的意图，这种理性合法性也几乎不可能出现。[19]

同时，应澄清对同理心这一概念的系统性误用或误解。据我所知，同理心是一种几乎不可能存在的情感认同形式。尽管另一位更具魅力的美国总统（在此声明，我是指比尔·克林顿）曾为政治目的巧言——“我能感受到你的痛苦”，但事实上，人并不能感受到他人的痛苦。人们的情感依附受到人类皮囊的影响；我们栖身于独立的肉体中，即使是最亲密的关系，也无法摆脱这一事实。但可以肯定的是，人会因他人之痛苦而痛苦，这是政治和道德洞察力的一个重要杠杆。但确切地说，这是同情，而非同理心。休谟和亚当·斯密明智地认定这是社会的关键，即我们的个人利益感如此之强，以至于有时（休谟说过如此令人难忘的话）我们可能把半个世界的毁灭视为像我们自己的小手指的一阵刺痛一样的小事。休谟嘲讽地说，考虑到大多数人都极度自恋，这种立场根本不算“违背理性”。休谟和斯密都是现实主义者，他们和霍布斯一样接受人类原本的样子，接受法律可能的样子。

这一要点绝不能忘，那就是当涉及同感时，理性是极其有限和不可预料的，甚而所获得的同感也是如此。尽管许多心理学实验都以此为目的，但要想对其进行估量几乎是不可能的；与此同时，在实际中，当人们躲藏到利己的甚至自恋的自我特权的虚幻泡影中时，同理心的缺陷就足够明显了，而众所周知，这种泡影往往正是由各种屏幕催生的，而且在年轻人中尤为明显。进一步来说，那些认为同情心在某种程度上相比同理心的标准更次要和可疑的人，应该抑制自己的特权。另外，目前一些“同理心机制”，比如脸书的“反应”功能（可以用不同的表情符号对帖子进行反馈的功能）无法达到任何合理的目的。事实上，“反应”功能只不过是管理者的又一个傀儡，也算不上多心，但是我们可以认为这一举措的主要目的就是通过把同理心反应简化为点击动作，来获取用户的心理测量数据。

我认为，由此产生的有关同理心的语言与概念的混淆问题，是广义的疗愈文化所带来的，它设想情感认同是可实现的、可取的，并且认为单纯的同情态度在某种程度上过于超然和不足。[20]然而，无法否认的事实是，同情心在人与人之间的互动中非常有益。相比之下，事实证明，同理心是捉摸不定的，在政治上是行不通的。我们在这里可以意识到一个根深蒂固的问题，即寻求某种想象中的同理心联系，会让完美成为优秀之敌。

其次，在这些支持搭建矫正架的温和提议中，没有任何违背理性的成分，更没有在理性可能产生牵引力的情况下，贬低其力量。我完全赞成思维的理性转变！当然，除了理性转换之外，对话还有其他用途，例如创造亲密感、扩展个人叙述、传播八卦等实际上类似于猿类或猫科动物相互梳毛行为的所有交流形式。但是，与启蒙运动的理念相反，理性和缺乏理性之间并没有明显的界限，这是因为我们的认知要复杂得多。是的，理性说服是可能的，正如一个机敏尖锐的对话者所引发的真正具有推动力的自我反省也是可能的（最不可能的当然是我们自己）。但是，人类不太可能通过可靠的方式实现这些目标，同样，我们也不太可能改变自己的想法——而我们可能曾经认为相比于改变别人的想法，这会更容易一些，或者至少更好控制一些。再次强调，思想通常没有那么容易改变，这是不容置疑的事实。[21] 如果对这一点有异议，是极端傲慢且违反道德的，我们完全有理由将其视为健忘的知识精英们屡教不改的恶习之一。

在理应理性的高等学术生涯中，我丰富的个人经历里大多是令人不快的体验，据此我想补充一点——支持理性的人几乎得不到什么慰藉。即便在此书中的论点得到高度评价，一致性和非矛盾性也获得了一般讨论无法企及的重视程度，但任何可能的理性思想交流都会烟消云散。悲哀却真实。事实上，这种交流由自我、社会和职业地位、设定的性别标记、年龄歧视以及许多其他因素主导，而这些因素是无法与理性达成共识的——当然，有时也会因理性而有所缓和。对于我提出的言论限制理念的批评者来说，他们不应如此乐观地看待广义理性作为现实世界对话宗旨的实践前景——因为这是永远不会发生的。

必须强调，我的提议在意识形态层面没有任何倾向性。只有以实现更强大、更有效的公共话语为最终目的，支持言论矫正架的论点才是有效的，支持界面限制的论点就更不用说了。这样的矫正架该如何放置呢？尽管它的前景始终渺茫，但一些措施可能会通过自我监管有组织地出现。其他如全民医疗保险和交通法规这样的措施，则需要政府的支持。然而，即便如此，理想情况下我们还是可以利用利己主义，比如（在约定俗成的交通习惯中）对限制的强制执行可能会让位于自愿服从。尽管批评者们可能会试图从对网络活动和目前一片混乱的其他形式言论的些微监管中，嗅出什么更大的社会管控策略，但实际上，这个提议在古典意义上是完全自由的。那就是：你爱想什么就想什么，但要为普遍的和平而配合，这样其他人也会和你一样做。这一观点认为，可能不存在能被普遍接受的社会信念，甚至也不存在一些含糊的构想，如“共同的行为准则”（最受欢迎的提议）；当然也不存在本质上具有争议性的立场，如仁慈的神圣造物主（一个信奉者寥寥但依然颇受欢迎的观点）。我们应该还记得，目前社交媒体交流的边界是由私营企业所创造和拥有的。他们的产品是你，他们的客户是想获得你数据的广告商。社交媒体喜欢伪装成一种公共产品，一个话语上的平民百姓，而实际绝非如此。如果这么明显的例子都不足以支持监管，我不知道什么样的例子才可以。

许多评论家认为，改变思维的方式比我所认为的要多得多——毕竟，人们很容易被说服，只要我们循循善诱，他们就能领悟。但这带有一种过时的智力优越感，伴随着一种浓厚的屈尊俯就的意味：我觉得你的政治观点冒犯了我，我猜想它们来自糟糕的、错误的或丑陋的基本信念。这些是可以改变的！让我把你放入我的话语疗法程序中，在这个程序里，我们会用善意、同理心和同情心对你的基本世界观进行批判，从而打破你的底层（双关）思维结构，最终你会脱胎换骨，成为一个更善良、更宽容的人！

无论你怎么看待矫正架的搭建，称其为社会控制也好，“高压政治”也罢，它实际上比这种精神控制计划更重视个人和思想的独立性，而且在政治信念的分歧上也不会俗气地自命清高。承认自己改变不了别人的想法，更重要的是，也不想改变别人的想法，应该被视为一种称赞，而不是一种侮辱。要想摆脱这种认识论野心，得抱有这样的心态：我不在乎你怎么想，也无意理解你这样想的理由，这仅仅是民主的结果。有人说过我必须对那些与我比邻而居的人抱以理解和同理心吗？当然没有，这对我们要求太高了。人们有时会连室友或相伴多年的配偶都难以理解，要求我们理解完全陌生的公民同胞太匪夷所思了。

最后一点，矫正架意味着，当我们追求各种各样的，甚至可能是不兼容的个人目标时，帮助我们进行合作与共存的外部指导方针。这与我早先对文明的辩白完全一致，比如，我将文明看作公共生活的一种美德。[22] 早期，我基于亚里士多德式的美德概念——美德是行为倾向，并遵循他的《尼各马可伦理学》的中心论点，强调模仿和习惯是培养社会积极性格特质的关键。作为一种目标，这仍是合理的，但正如我们会认识到理性的局限性一样，我们也必须认识到美德培养的局限性。我们需要其他更多的推崇文明的霍布斯式论点，使整个程序运行下去。因此，我们可以将不文明认定为一个集体行动问题，并附带一些利己主义的理由，以便必要时能力挽狂澜；因此，当前的论证也支持散漫论述的外部机制。文明可以用规则来表达，但这些规则的意义在于，当我们进入“游戏空间”

时，我们会接受这些规则并且准备好公平、诚实地参与。

当然，这样一来也存在局限。监管的成本会很高，而且总有动力不足、脑力欠缺的人，想不出变通之法，只好钻空子。尽管我有些私欲，但我也相当肯定，政治讨论节目和推特很快将遇到瓶颈，界面的其他上瘾机制也一样。但是，无论矫正架采用什么形式，这一概念的引入，实际上都是一个提醒，提醒我们不能继续幻想着我们具有同理心的公民会受到理性的驱使。

总而言之，让我感到震惊的是，人们对搭建言论矫正架这一提议的反对本身几乎总是意识形态上的，有时甚至到了可笑的程度。它们源自反对者的信念，但他们的视野如坐井观天。在那些认为政府的高压统治无处不在的人眼中，“约束”这一概念必然意味着中央集权，尽管这压根儿不合逻辑：比如，排队的惯例就不需要任何政府和法律的干预。那些担忧监管会带来侵犯的人的想法也相差无几。法律催生法律这样的结果（柏拉图早已意识到这一点），即使不会招致灾难，也会导致社会的瘫痪。但我所提议的计划并非如此：大多数对言论的约束都是自我强加的。所谓言论自由的威胁，它们全都伪装成了理性的互动，借着选择性的误读和对语境的刻意删减，像野兽一般从沉睡中被唤醒。讽刺的是，这些伎俩也正是我的立场理应驳斥的。[23]

的确，在后真相世界中，我们可以注意到言论自由绝对论企图表达的观点中的一系列典型矛盾：一方面，那些自认为受到威胁的观点通常会被贴上“不受欢迎”的标签，成为“政治正确”纠正的对象；而另一方面，这类观点却会因被大多数人深信不疑而受到追捧，比如绝对的性别二元主义、对自由市场的真正信仰、拥护警察，等等。如果这些观点确实占多数，当然无须特殊保护；但如果它们占少数，也应得到与其他少数派信仰同等的法律保护。但这只是一个基于自由民主的国家的设想，而如果这些观点是传播仇恨的、有害的，国家自然可以批评它们甚至限制它们的传播。在崇尚自由的大学校园里提出不受欢迎的狭隘观点并没有什么问题，而在晚宴或社区集会上提出令人不快（但受法律保护）的狭隘观点就严重得多了。言论自由绝不，也从不意味着可以信口开河而不用承担后果。

即便是明确保护言论的权利制度，也无法提供某些人设想的全面保护。例如，美国宪法第一修正案并不适用于私营企业或私立大学，这些机构可以大张旗鼓地限制言论自由，只要愿意承担这样做对其名誉造成的后果。[24]但与此同时，人们对个人主义和随之而来的权利赞誉有加，却将支持集体主义、进步主义或社会主义议题的个人决定贬低为幼稚、不健全、不成熟。

基于相同的扭曲诉苦逻辑，思想的自由表达也被奉为一种基本且神圣不可侵犯的权利。尽管那些批评某些政策和行动的人，经常会遭到个人侮辱、人身攻击、挖苦讽刺，但人们攻击的不是他们的观点，而是观点持有者的身份：他们被称为“冒牌教授”“伪哲学家”“江湖骗子”“自命不凡的人”……当然还有更糟的，我就不再列举了。在一个尊重事实的世界，一个真正的哲学教授，不管他的政治观点是什么，都应不去理会外界那些叫喊着什么“冒牌”的嘘声。至于“自命不凡”，那自然都是别人的判断。无论如何，这样诋毁诽谤的人，只是因为无法针锋相对地以论点反击，只好本能地诉诸人身攻击。我们不禁要问，这下，关于市场的比喻该何去何从？

对于这一切是否可以在短期内得到极大改变，我们要保持适度的悲观。任何个体，即使是现任美国总统，都无法为如此大范围的混乱和非理性的纠葛负责。我们现在处于这样一种情况：人们会说出自己都知道是（或认为是）不真实的话，即便其他人出于某种重要原因并不相信，却假意把它奉若真理，因为即使他们不相信，这也符合他们的政治目的和愤怒感。最后问题就变成了——理性到底有什么好处？

现在，搭建矫正架的提议的优势就极为明显了。重要的是，它将希求式理性主义（假设我们的公民足够理性，能够看到矫正架系统的好处）和实用现实主义（我们不认为公民比这或有必要比这更理性）进行了原则性结合。此处没有道德或政治观点上的优越感假设，但肯定要比单纯发放自由抨击许可证更好地诠释了言论自由。社会凝聚力是一个既合理又可行的目标，这一深刻的推定表明，我们在试图改变别人想法时要保持谦逊，既要保持尊重，又要现实地看待人们对是非曲直达成一致的未来可能性。简言之，这是对后真相时代自由主义的适当修正。或许我们可以称之为新－新自由主义。[25]

4. 理性中的理性

公正地说，传统的科学方法可能是言论矫正架的理想形式。除了对偏见提供必要的限制外（包括可证伪性、可重复性、严格的客观公正），该方法还对参与者提出了准入限制。如果你不接受游戏规则，就无法成为游戏玩家。如果你试图伪造研究或歪曲规则，那么你将会被驱逐出游戏（成绩也将被清零）。你既不能钻游戏规则的空子，也不能立于规则之上，这是因为，哪怕这些行为（短期内）不会令你被取消资格，但实质上也无异于是你自行放弃了游戏资格。腐败交易是不可能存在的：因为你无法花钱买玩家身份，也无法光凭财力称霸游戏。

但在其他话语形式中，这些破坏行为都是有可能的。现在和过去一样，在公共话语的大富翁游戏中，落败的一方总会试图用真实世界的金钱而非游戏中的虚拟货币来压倒对手。此外，公共话语中也没有明确的准入机制：任何人想玩都可以玩。这当然是一个非常积极的因素，但肯定也会引发虚假交易、诈骗、寄生性破坏，以及所有其他常见的公共领域“病原体”。最可怕的一点是——也正是令我们的讨论进行至此的最初原因——针对这样的话语，只有凤毛麟角般的外界限制。事实性声明和逻辑有效性确实具有规范性力量，往好了说是脆弱多变，往坏了说就是危险的误导。

现在，这种对比很容易被夸大。我们知道，科学论述就如所有的人类事业一样，充斥着社会和心理的影响，也正是这种影响削弱了“纯粹的”理性结果。众所周知，在科学的分支学科中一直存在着分歧。如果结果正如我们所愿，是方法驱动的，那我们可能就不希望看到这种分歧。当然，这只是言论实践复杂性的本质。在逻辑学上虽然没有这样的争论，但在法律领域却有很多，在文学批评或艺术理论领域更甚。

好的解读才是关键，而非一味纠正。当然，在解读领域中什么算“好”，这本身就是一个有待解读的问题。但有了好的解读，我们便别无他求了，这一点意义重大。但是，即使是在这样多重争论的状态中，我们在一起进行比较和辩论时，也至少要向对话者表现出一些诚意。

如果说公共领域话语的这种最后的标准曾经存在的话，那么如今我们不能再做此假设了。社会和科技因素只会使这个自打人类社会初始就存在的问题变得更加难解，而且这个问题无处不在——大到政治，小到兄弟姐妹之间鸡毛蒜皮的家庭纠纷。对人们理性行为的科学研究才是理解其原因的关键。

有两个调查结果颇引人注目。第一个是来自斯坦福大学的一系列研究，为上文中提出的观点提供了证据，即事实并不具有可以改变思想的明确原动力。该研究进行了几项具有迷惑性的实验，要求实验对象做出某种判断（例如对消防员能力进行判断），接着向实验对象展示研究者认可的事实陈述来推翻他们最初的判断。然而，尽管已经知道自己先前做出的判断是错误的，但实验对象仍固执地坚持。这或许就属于我们熟知的“确认偏误”（confirmation bias）[1] 概念，相比自

[1] 指个人无论合乎事实与否，都偏好支持自己的成见、猜想的倾向。

己原先的判断被证实而得到的快乐，这种偏向在实践中明显更具影响。（其他研究表明，当我们所重视的观念被“证明正确”时，大脑内的内啡肽会明显增加。）在这类案例中，人们还未对判断进行证实，就对其产生了偏好。心理学家更喜欢用“我侧偏见”（myside bias）这个词来形容这种明显难以扭转的倾向，即一旦做出任何判断，不管错得多么离谱，都不会轻易改变。

第二个相关的科学观点与理性的本质有关。尽管我们将理性奉为人类的最高品质——至少从柏拉图时代开始，它便始终是衡量我们精神经济的尺度，也是实际上的西方哲学传统的基础——但事实上，我们的理性能力有点低下。理性不仅会受到无从推理、不循逻辑的情感、心理和生理力量的影响，而且事实表明，理性本身也是一种致幻剂。我们的理性能力是在人类高度社会化的时期发展起来的，在合作成为一种社会之善的时代，它能够游刃有余地解决问题并分配劳动力。但理性同时会让我们求胜心切，例如在辩论或战术上总想着比对手智高一筹。

这种急于求胜的倾向或许能够满足合作的需求，例如当两个群体开战时——我们能想到的由战争需求激发出智慧的例子数不胜数。不过，总的来说，这意味着我们非常善于发现对话者立场上的弱点，却很难发现自己观点中的弱点。我们也一直在寻找破坏群体内部合作的行为——比如搭便车。根据一位言语尖刻的评论家的说法，最后一个特征“反映了理性演化至今得以执行的任务，那就是防止群体内的其他成员搞砸我们的事情。我们的祖先生活在狩猎者和采集者组成的小群体中，他们主要关心的是自己的社会地位，并确保所有人在洞穴里无所事事时，自己不用做那个冒着生命危险出去狩猎的人。理性思考几乎没有什么好处，却对在争辩中获胜大有裨益”。[26]或者，用某位精神病学家［杰克·戈尔曼（Jack Gorman）］和某位公共卫生专家［杰克·戈尔曼的女儿萨拉·戈尔曼（Sara Gorman）］尖锐的话来说：“即使我们错了，‘坚持立场’的感觉也很好。”[27]同样，另外两名研究人员史蒂文·斯洛曼（Steven Sloman）和菲利普·费恩巴赫（Philip Fernbach）表示：“通常，对问题的强烈感受并不源于对问题的深刻理解。”[28]此外，斯洛曼和费恩巴赫的研究结果还表明，“理性的个体行为者”这一基本概念，即在完全隔离且头脑清晰的情况下权衡各项选择和各种论点的人，是一种哲学上的妄想。

那么解决方案是什么？一些心理学家建议，我们需要进一步地意识到自己无知的程度，尤其是对那些我们自以为已经了解的事情。如今最明显的例子就是，大部分人都无法正确描述普通抽水马桶的运作方式。现在，这种无知并不可耻。

事实上，使用别人设计的工具和技术，而不能够复制甚至描述它们，便是一个完美的关于建立理性矫正架的例子。如果我们不用在每次需要时各自发明可调扳手，或抽水马桶、内燃机、语法和议会民主制，我们就能更有效地完成更多的事情。

由此理应可以推断出，面对这种情况时，人类个体应是谦虚的，并且在拥有人类合作造就的工具时，愿意稍稍发挥自己的能力。然而，愿意承认自己对如何镀锌或蒸馏酒精一无所知的人比比皆是，但愿意承认自己对《患者保护与平价医疗法案》（*ACA*）、移民政策、比较宗教学和全球经济运行并不了解的人就少得多了。更多的谦逊和更多的学习是对我们信念的磨炼。

但这种可能性有多大？监管就是当自我激励和个人自制力不奏效时能够发挥作用的矫正架。理性本身与其说是通往真理的坦途，不如说是确保（最低限度的）合作的矫正架。如果我们接受这一点，并进一步接受理性只有在有社会惯例和机制支撑的情况下才能发挥作用，我们就能实现两个基本目标：其一，我们将看到后真相崩溃所带来的威胁是真实存在的，但可以补救——理性仍然可以获胜；其二，对这种情况的发生方式以及信念的简单表达在理性范围内所起的作用，我们仍需要保持适当的警惕。

我们声称要让当权者明白真理，但我们也必须承认，如今权力会插手并限制真理。“理性中的理性”算不上能与康德的“要有独立思考的勇气”比肩的战斗口号，但它有两个优点，而这两个优点正是大胆的理性自我引导的笼统性呼吁明显缺乏的。一个优点是，它假定而不是否定任何理性事业的社会特性。我们不是理性的个人英雄，也不是思想市场上精明的购物者。另一个优点是，它坚定而必然地坚持这一点——理性是对公共领域的谎言、半真半假的陈述、挑衅和欺骗的唯一可能的反应。

这是一种信念，而不是事实。但我敢相信这种信念是真实的，而且我更敢相信我的信念将有助于实现它。一个多世纪前，威廉·詹姆斯曾说：“很多人认为他们在思考，而实际上他们只是在重新整理自己的偏见。”我们都必须努力不沦为他们中的一员。

那么，我就用一句讽刺来结束本书中这个以背景为主题的章节。请注意这个小小的事实性知识：没日没夜工作的文选编辑克利夫顿·法迪曼（Clifton Fadiman）认为，上文那段引述源自威廉·詹姆斯，但至今仍未得到证实。当然不可能得到证实了！

第三部分

自我的危机

情绪报告
绝望

还有尼采的“永恒轮回”，他说我们这一生会以完全同样的方式不断重复直到永远。真棒！那意味着我又要坐在那儿看完“白雪溜冰团”。这可太不值了。还有另一位伟大的悲观主义者弗洛伊德。我做了很多年的心理分析治疗，但啥也没解决。我那位可怜的心理医生沮丧得不行，最后跑去卖沙拉了。

——伍迪·艾伦，《汉娜姐妹》

1. 永恒轮回

我们该如何重视无聊体验中反复出现的绝望？在这一章节，我想以一种能进一步阐明当代无聊情形的方式来探讨这个问题，也就是说：不仅涉及个人与具体消极体验的关系，以及（通常基于媒体的）试图缓解这种体验的尝试，而且包含使我们得以用这种方式解析无聊感的结构性社会条件。我指的是利用界面来应对或延缓不断重复的潜伏的或即将产生的无聊的小循环。但更重要的是，事实上，正如各种类型的技术沉浸一样，界面并不是中立的。相反，它所谓的中立是一个更大的自我隐藏计划的一部分，这一计划与意识形态（自我）欺骗的标准形式（如马克思的“虚假意识”和葛兰西的文化霸权理论）密切相关。一个特定的媒介或工具在其设计效果的特点上并非不偏不倚——与之类似，界面是人工环境的一个体现，是这个赛博格生活世界的一个方面，是具有特定倾向的。我们冒着不必要的形而上学式的风险，将这些倾向定义为“欲望”，然而我们在界面并没有真正体验到我们所渴求的。但我们已经看到，界面所包含的复杂关系确实在某种程度上影响甚至塑造了我们的欲望。依靠特定的媒介，界面在某种意义上确实“渴求”我们继续做我们一直在做的事。我们完全可以将其视作只有一个显著特征的算法，这个特征呈现的形式多种多样，但本质上总是一样的，也就是我们应该继续为其注入活力。

这可能已经足够令人心烦意乱了，哪怕我们能够充分集中注意力来揭示界面的基本结构也无济于事。像劲量兔子[1]一样进入似乎永动不止的状态——尽管大部分动作实际上都在手持屏幕上完成——这近乎不可思议，甚至令人恐惧。在 1997 年的电影《这个杀手将有难》(*Grosse Pointe Blank*) 中，一名职业杀手[2]向被吓坏了的心理医生[3]承认，他经常做关于“电视机械兔子”和“电池兔子”的噩梦。医生惊骇万分地说：“这听起来像是一个非常非常恐怖的梦。”杀手马丁（Martin）想知道原因。“马丁，这是个可怕的梦！梦见那只兔子真令人难过。它没有大脑，没有血液，没有灵魂！它只是不停地敲打那些毫无意义的鼓，不停地敲啊敲！”在某种程度上，界面就是如此，但实际上更糟，因为尽管有人声称存在为敲鼓的兔子提供能量的电池，但电池电量终会耗尽，兔子也会停止。而当我们浏览脸书网页或在屏幕上滑动翻页时，情况可不是如此，因为这时，我们自己成了提供能量的电池，而世界就是提供推送内容的原材料资源。

上文的例子提供了一些线索——当整体关系的机械性开始影响这个特定的平衡局面中假定存在的人类灵魂时，可能

[1] 北美电池品牌劲量的营销图标和吉祥物。
[2] 约翰·库萨克（John Cusack）饰。
[3] 艾伦·阿金（Alan Arkin）饰。

会发生什么。在迪伊的小说《一千次原谅》中，曼哈顿律师本（Ben）和妻子试图评价这段显然无爱的婚姻，在这个疗愈性的场景下，他们也同样承认自己感到了极其严重的无聊。妻子认为，自己牺牲了相当大的才智和抱负，一直在为赚钱养家的丈夫提供一个安定的郊区家庭生活；而丈夫却困惑、惊恐地看着自己正在被这种晚期资本主义生活的结构吞噬。旁观者或许能看出，他是“获得”和“消费”这种新自由主义规范的受害者，是赚钱、财产和资历的推土机逻辑的受害者。然而本没有这样的理论工具可以使用，所以他开始对一位比他年轻得多的下属展开了笨拙的性追求。这段关系在某种意义上有些模棱两可——他们从未发生过性关系，虽然女下属的确曾在旅馆里为他脱光了衣服——但其他事情是明确的。本不知道这位女下属是有男朋友的，所以二者相遇后，本被揍了一顿，后来又醉醺醺地开车撞向了路边，出了车祸，断送了自己的职业生涯和婚姻。为了摆脱无聊的束缚，代价可真大。

而伍迪·艾伦的作品则每一刻都是一种心理治疗。在电影《汉娜姐妹》中，主角刚刚明白一只耳朵突然失聪并不是由脑瘤造成的，而是由他典型的偏执臆想造成。之后，他走在街上，召唤出尼采和弗洛伊德的灵魂，并且回忆了一次真实的诊疗体验，以突显日常生活的残酷特征。这才是一个能读会想的人！然而，这同样无药可医；永恒轮回只是忍受无聊的另一种方式，而不是尼采想要的对“命运之爱”的考验。弗洛伊德的悲观主义就其风格而言，也并不是对人类处境的洞见源泉，只是一系列残酷时刻中又一个什么都没发生的时刻。沙拉台——没有比这更明确的20世纪80年代中产阶级的快乐标志了——是一种铤而走险的解决方案，但这是对心理医生而言，而不是对病人！无聊展开了它的黑色翅膀，覆盖了整个场景，投下似乎无从逃脱的ennui阴影，哪怕带着困惑，稀里糊涂地和比你年轻二十岁的同事调情，或在曼哈顿西区高速公路上边开车边喝下一瓶伏特加，也无济于事。

或许还有另一条出路。在伍迪·艾伦的作品中，颇具特色的画外音（这种广受讽刺的电影手法在这部电影中随处可见）诉说着人物的内心独白。这声音继续沉思道：“也许诗人们是对的。也许爱是唯一的答案。”这里的“唯一”用得恰到好处，因为表明爱就是答案，能传递一种宽慰感，仿佛事情有了解决之道。虽然在这种情况下，光有爱是不够的，但就答案而言，也许这总比什么都没有要强。无论如何，这样更好，毕竟不断接受哲学治疗的干预并不能给一个可怜人——或者至少像伍迪·艾伦作品中的角色一样的人——增加什么深刻的见解，甚至会对他原本的洞察力造成破坏。

好吧，或许是这样。这就是我们将再次探究的问题——如果无法永久地探究下去，至少在本书结束之前，我们还会回到这个问题上。

2. 结构性绝望

当我们说“现在”的时候，时间已经流逝；所以我们说“现在”时，实际上是“稍后”。这就是“现在”的含义。在本书的剩余部分，我想和大家一起更具体地聚焦于无聊文本或无聊分类的两个层面之间的复杂关系：一方面，叔本华认为，无聊描绘了一个人真正绝望的面貌；另一方面，阿多诺则坚持认为，无聊的结构不仅仅是心理上的，也是社会层面的。我的目标是描绘出结构性绝望的景象——其中的个人无聊体验和希望通过技术来获得缓解的迫切状态是其主要的症状，但它们又不仅仅是症状，因为事实上，没有什么比我们当下严重腐坏的生活方式中这两个日常空虚的阶段更能说明问题的了。

2017 年秋季，我参加了在渥太华举办的加拿大科学政策会议（Canadian Science Policy Conference）。这是一年一度的学术盛会，定期在各国首都和世界各地的会议中心举办。其主要思想是讨论影响公共政策领域的科学研究的本质。不出所料，与会者都是些公务员、非政府组织人员、研究生、政策专家，当然，还有科学工作者。因为当时新上任的渥太华自由党政府发誓要扭转斯蒂芬·哈珀（Stephen Harper）的保守党政府对科学家的钳制情形——对于哈珀来说，科学必然是某种仅限于临床上的、没有任何社会意义的活动。我有预感在这次会议上，科学成果的守护者们可能会稍稍施展拳脚。这一预感还真的成真了。

新任命的加拿大总督——代表英国女王的加拿大议会民主体系中的名义国家元首——朱莉·帕耶特（Julie Payette）发表了主题演讲。她是一名前宇航员，也是一位杰出的科学女性。她抓住这次机会，攻击了她眼中的社会和政治中的蒙昧力量，因为科学必须与之斗争。在一次主题跨度颇广的演讲中，她抨击了否认气候变化的人、神创论者、占星术的拥趸，以及各种虚假新闻和平行事实的提供者。帕耶特因为被认为违反协议而受到了严厉的批评——显然，许多人认为，总督和其他有名无实的官员就应该剪剪彩、混混社交圈得了。上帝禁止他们持有任何自己的意见和论点（包括他们认为不存在上帝来指手画脚这一观点)。一种(我也支持的)少数派观点认为，帕耶特应该像其他任何公众人物一样，自由发表她的意见，前提是这些意见不会明显影响她履行职务的能力。鬼知道这有什么不行的!(当然鬼也是不存在的。)

而我本人则参加了一场关于“后真相时代的信任与专业知识”的会议。准确来说，这与本次的争论几乎毫无关系，因为被《牛津英语词典》选为2016年年度词汇的“后真相”的概念已经深入人心，而“后真相”的使用热度由此也可见一斑。在这次会议上，人们注意到了一些意料之中的坏消息。例如，随着社交媒体的出现和对假新闻的相互指责，许多传统的权威信息渠道——政府、主流媒体——现在都不断受到质疑。企业和非政府组织已经失去了影响力。高薪的公司主管不可信，连学术人员也不可信。(多么可悲!)与此同时，相比有资历的陌生人，人们更愿意相信同龄人。

爱德曼信任度晴雨表(Edelman Trust Barometer)年度报告对这些发现进行了量化，从数据上为我们大多数人已心有疑窦的事提供了证据。不过，有一个发现让我觉得十分古怪：在经济中，最受信任的行业是科技行业，远高于食品服务行业(66%)、消费品行业(63%)以及备受鄙视的金融行业(54%)，76%的受访者相信科技能“做正确的事”。

我们必须承认，最后一个结果从客观上来看很奇怪。自封为硅谷之神的那些人毫不掩饰对民主约束的蔑视。他们可能会将公众视为宝贵的潜在消费者，是下一次热火朝天地发布新产品时要拿下的一块块市场份额——在这里，人被简化为便利的现金节点，而不是权利的拥有者或值得尊重的个体。没错，科技界的“超人”（übermenschlich）自由主义者被奉若神明，比如反妇女参政论者彼得·泰尔（Peter Thiel）和晦涩语言大师蒂姆·奥赖利（Tim O' Reilly），尽管事实昭然若揭：他们的技术乌托邦式未来主义具有社会排他性，由男性主导，并且对其自身的环境和政治代价视而不见。毫无疑问，如果你身处其中，会觉得世界如此美好，但对全球大多数人来说，一个基于无约束“创新”的后国家体制，以及随之而来的监管俘获和对税收负担的逃避，是一场活生生的噩梦。这并不是遥远的未来，而是当下的现实。

这些超人类理念的传教者向少数幸运儿许诺永生，却用分散人类注意力的手机应用程序敷衍着其他人。他们为何会拥有如此高的信任率？这其实是对奥莱利所称的“神奇的用户体验”和人们梦寐以求的奢华之道的一种强烈好奇。如此一来，我们无视其虐待劳工和性骚扰的问题，因为那些徒有其表的产品承诺正是建立在这些问题的基础上。事实上，新自

由主义无聊的概念所描述的正是这种刺激与自愿轻信的交织状态。安抚刺激的镇痛软膏唾手可得，何苦再对你选择的设备或平台的来源和代价进行严格评估呢？因为这些产品毕竟是为我们服务的。它们承诺会给我们带来幸福，帮助我们摆脱日常生活中的ennui。

史蒂夫·乔布斯（Steve Jobs）去世时，苹果门店外堆满了悼念的鲜花，对科技信任的感染力可见一斑，简言之，这是对设备带来的舒适便捷的一种世俗信仰。但是舒适总要付出代价，把这些代价隐藏在屏幕光亮的背后并不能改变这一现实。技术与其说是一个经济部门，不如说是一种大环境——它就像空气一样无所不在、包罗万象。借用“绝地武士”欧比旺·肯诺比（Obi-Wan Kenobi）大约在1977年说过的话，它（原力）围绕着我们，渗透了我们。然而，与《星球大战》中的原力不同的是，技术的实现主要依赖需要不断升级的专有格式和媒体平台、搜索引擎，它们看上去开诚布公，但实际上是供养着一群虎视眈眈的股东的私人企业。

等等，有人要说：我要玩具！我要玩具！你拿着的是糖果乐园！谁会不喜欢它呢？事实上，不喜欢的人还真不少。然而，他们往往因头脑清醒、与社会格格不入而被忽视。他们意识到：社交媒体那种表面上的民主化会带来虚假的意识，而手机延

伸意识的释放则会造成软奴役。并非只有卢德派才认为我们不该相信那些为我们搭建僵尸社区的人，而应该直接给予他们最尖锐的批评；有人甚至会准备酝酿一番决心，索性去做一名新卢德主义者——但他最终只会意识到这只是为幸运儿们准备的选项。硅谷狡猾的蛊惑掩盖了社会上仍存在压迫和特权这一悲观的现实。这是一个不会被轻易揭穿的漫长骗局。在科技革命的早期，尼尔·斯蒂芬森（Neal Stephenson）和威廉·吉布森（William Gibson）等真正的远见者向众人展现了一个分配不均的未来。在那时，贫穷和苦难不是错觉，也不是社会体系中的一个小故障，而是其固有逻辑的一部分。现在的政府和媒体也许并不是完美的，但至少他们声称为民众服务。而自视甚高的技术"神明"连这一点也做不到。我们为什么要为他们耗费时间，甚至付出自己的金钱和忠诚呢？相信我，抵抗不是徒劳的。情况会变得更好，要相信你自己。

从第一部分所阐述的内容可以明显看出这个问题与当前研究的相关性，不过还是让我举一个近期具体的例子来详细解释一番。科技行业既是界面的分发者，亦是捍卫者；他们依靠我们对科技上瘾式的依赖维持生计，支持其对伟大前景的勃勃野心。如果屏幕产品的市场不存在，或是不这样以升级焦虑的形式受制于更新，那么这一领域也就无法获得财富聚集，企业家们也就无须将目光投向国外，寻找这笔财富可靠的安放之地。作为财富所带来的地位，自我扩张和领袖地位的新特征紧随其后：这是我们常见的用一方面的优势为另一方面的优势提供支持的循环（不过，是以可怕而无效的方式）。这是过度权力诉求这一混乱现象的常见形式的变体。在这种情况下（打个比方），家族财产似乎会神奇地让财产的受益人觉得自己的政治或美学观点应该受到格外尊重。“挣来的”而非“继承来的”财富的狡猾之处在于，它往往会掩盖使其产生的市场基础——那些自己创造财富的人认为，和那些含着金汤匙出生却以为一切都是自己努力所致的人相比，他们所赚得的财富要名正言顺得多。安·兰德（Ayn Rand）理解的特权是：如果你真的经过努力获得了成功，那么你所赚得的所有利益都是你应得的，除非没有顾客埋单，那自然就没有回报了。同样，没有屏幕前那转动的眼球和滑动的手指，这些发明就没有任何意义。

这就是为什么界面经济的基础其实并不是设备，甚至也不是驱动它们的欲望。尽管广告和产品发布的叙事都强调功能和效率，仿佛新款手机能与新款玛莎拉蒂、新款劳力士相提并论一样，但事实上，将手机与其他高端产品类比本身就是错误的。一件实物奢侈品只能为一个产品做宣传：它自己。（更准确地说，它是在为你做广告，告诉别人你能买得起那种好东西。）一个界面驱动的商品会假意不追求奢侈品的地位，因此其奖励和吸引力似乎都大众化了，但其隐藏的动力可能是无限的：平台所能显示的所有广告；以及更重要的，平台可以提供给第三方的所有客户数据。

社交媒体巨头脸书就是一个显著的例子。它的故事已经众所周知，我就不再赘述。《社交网络》就是一部关于脸书的电影，这部刺激的电影票房大卖、无人不知。我们都已经知道这个网站是如何从一个大学约会网站发展到一个价值数千亿美元的在线新闻订阅、好友网络和全球通信装置综合体的。平心而论，现实生活中的马克·扎克伯格似乎更像是卡通人物，他远没有电影中夸张化的杰西·艾森伯格（Jesse Eisenberg）那么可恶。（尽管他确实在 2018 年说过，他不会从脸书网站上删除那些否认纳粹大屠杀的帖子，"因为我认为，世人都会犯错"。许多批评人士因此认为他对于言论自由概念的理解太过宽松了。[1]）脸书曾巧妙地推迟了上市时间，以提升价值、吊足胃口。2012 年上市之后，该公司的市值涨至 5000 亿美元，并且没有表现出任何下跌的迹象——直到一个重要的漏洞出现，披露了脸书与英国数据挖掘公司剑桥分析公司合作，用 8700 万脸书用户的数据影响选举。由于该平台是供用户免费使用的，所以脸书迅速膨胀的早期价值看起来令人难以置信。

可当我们知道了真正让这家公司的价值迅速膨胀的是其他机构带给该公司的收益，一切就都说得通了。这些机构的意图是利用脸书收集客户个人数据的惊人能力。除了卑鄙地参与了对 2016 年美国总统大选的干预外，脸书对其忠实用户（事实上是上瘾用户）的权益表现出了惊人的漠视，着实令人窒息。有一类政治组织会利用人类的无聊来实现其利益最大化，同时破坏民主，而这种看似无害的新闻来源和网络设备，实际上就是这种政治组织最为险恶的一个特征。2018 年 7 月，脸书公司的股票严重下跌，2 个小时的交易使其市值缩水了 23%，价值约 1200 亿美元，这也是其历史上最大的单日跌幅。[2] 这个巨大的泡沫终于要破裂了吗?

在那之前，让我们再想想每天使用脸书的现实，这分明是一种极其有害的依赖。遗憾的是，大多数用户尽管知道选举丑闻，但和脸书一样，大家似乎并不把这件事太放在心上。该公司前平台开发人员桑迪·帕拉吉拉斯（Sandy Parakilas）在脸书上市前就在解决隐私问题。“我从公司内部看到的是：公司把收集用户数据看得比保护用户数据避免被滥用更重要。”帕拉吉拉斯在 2017 年写道。[3] “脸书知道你的外貌、你的地理位置、你的朋友是谁、你的兴趣爱好、你是否在恋爱，以及你在网上浏览哪些网页。”这些提供给广告商的数据库，每天可以锁定超过10亿的脸书用户。更糟糕的是，由于缺乏针对这种状况的外部监管，目前也没有可以约束其近乎垄断地持有这些信息的外部力量，脸书公司完全没有扭转其固有的市场驱动的价值排序和保护客户的动因。“脸书几乎可以对你的个人信息为所欲为，”帕拉吉拉斯继续说道，“而且它不需要设置安全措施。”但事实上，到了21世纪第二个十年的后半段，要求制定脸书“章程”的呼声已经变得越来越实际了。科技作家马克斯·里德（Max Read）认为，该网站“对定性判断真伪有一种哲学和制度上的过敏性反应……你无意间发现，它的地位已经变得如一个国家的地位一样高，它对媒体和公民的注意力拥有近乎至高无上的权力”。[4]这种不受约束的主权要么必须变得更加自由民主，制定有利于用户的规章制度；要么在现有的自由民主的民族国家下被收归国有。还有第三个选择，一个更可怕的选择：脸书以一种明确的方式确定其作为国家权力的地位，让其用户成为“公民”，或者实际上的被强制进食的奴隶。[5]“出台脸书章程能‘解决’信息战问题吗？”里德疑惑道，“如果存在一个周到的章程，既能平衡公共领域、个人自由和公民健康的矛盾需求，又可以让人们对平台所做的决定有发言权并能给予理解，我们才能尽可能地解决这一问题。”

但在这样一个章程出现之前，解决之道仍在于政府监管。然而在资本主义市场中，监管者会付出实际代价。一以贯之的方式最能激励人们遵从。但即使有严格的监管，仍会潜伏着监管扭曲的风险，因为有人认为，游说和选择性诉讼的成本低于遵从成本。与此同时，该平台继续以同样的方式运营，贩卖关注度和个人信息以换取广告收入。帕拉吉拉斯特别指责的是一系列“令人上瘾的游戏”，这些游戏的“免费使用”，实际上是以允许游戏开发公司免费访问玩家个人数据为代价的。“不幸的是，对于这些游戏的用户来说，他们通过脸书传递给外部开发者的个人数据并没有受到保护。一旦游戏开发者获得这些数据，那么脸书也不能阻止其对用户数据的滥用。”这可能包括在未经同意的情况下，使用收集到的孩子们的数据建立档案，或者通过一款游戏请求获取你所有的照片和信息，尽管这些信息与游戏或应用软件本身并无关系。帕拉吉拉斯指出，针对此类信息泄露案件的调查受到了干扰，并且有关这种做法的负面报道也都受到了压制。

说到这儿，人们很容易把这看作一个噩梦般的科幻场景——外星人借着某种极其容易上瘾的游戏的掩护，实施精神控制计划（《星际迷航：下一代》重启版就是这样一个故事）。但此处的外星人只是你的朋友和邻居，并且他们的行为也符合标准的市场规范。他们的精神控制借力于我们对无聊的倾向以及恐惧：毕竟，如果一款游戏被称作是“高度上瘾”，也就意味着它短期内会一再延缓人们抗拒沉迷和刺激的理智心态。这是新自由主义无聊的核心，它所诱导和加剧的症状正是原先它承诺要缓解的症状。我们完全出于自愿，甚至热情参与其中。

据估计，脸书的操控，影响了1.26亿的美国选民（或者潜在的选民，前提是他们长时间不接触脸书的话）。这种显而易见的侵犯国家主权的行为，完全是由于该平台及其随附的界面不受监管造成的。对一个正常运转的民主国家来说，长期侵犯个人主权的商业行为同样具有争议性，但其引发的愤怒完全无法等量齐观。在这里，我再次引用帕拉吉拉斯的话：“这家公司的影响力每天都覆盖全国绝大部分地区，聚合了有史以来最详细的个人数据集，却无意防止数据滥用。”结论是：它必须受到严格监管，或者打破它对数据的垄断。这个问题的现实前景一定会远超我们的想象。脸书一马当先地证明了网络化界面支配系统的存在。它利用我们的欲望和恐惧来对付我们。这不仅仅是形而上学的批判：我们可能会因为急于继续打游戏或滚动鼠标翻页而错过更深层次的哲学见解；这是政治和经济体制对涉及自我的生产和消费的积极煽动（没有其他更好的措辞，暂作此记），使得许多人愉快、圆滑、幸福地参与其中。不要责怪广告商：他们只是在遵循系统的逻辑。事实上，我们已经看到了敌人，那就是我们自己。

等一下，我们确实想把注意力集中在日常绝望的结构性方面，不是吗？我们回到第一部分中的一个观点：谈及上瘾欲望的循环，归咎于受害者并不是一个有效的争论策略，甚至不是一种修辞策略。但并非所有的监管都是好的监管，也并非所有的矫正架都符合其主体的利益。我们可以在这里援引“助推”（nudging）的概念，以及它在政策和公众领域引发的辩论。

我们都知道，诺贝尔经济学奖就像它的主题一样，一直备受争议。在这里，你不会看到人们激烈争论鲍勃·迪伦是否算是一位真正的作家，但许多获奖者毁誉参半，例如《纽约时报》专栏作家保罗·克鲁格曼（Paul Krugman）。经济学家就像中世纪的神学家，为针尖上容得下多少天使跳舞这样的问题而绞尽脑汁。2017年的获奖者，芝加哥大学的理查德·泰勒（Richard Thaler）就是一个很好的例子。他与同事卡斯·桑斯坦（Cass Sunstein）——一位著作丰富的法学家，前白宫监管一霸，一起推广了“选择架构”（choice architecture）的概念，也就是众所周知的“助推”。从他们一系列的著作中，可以看出，他们认为政府有责任建立让公民可以做出更好选择的机制。

这里的动机已经很明显了：无论是出于无聊、懒惰，还是纯粹的愚蠢，我们人类都不擅长做选择，即使是涉及自己利益的选择。例如，许多人由于疏忽或困惑，把他们的退休存款用在了错误的地方。因此，应该有强制性的计划缴款，并附有“选择退出”条款。同样，现行的司机器官捐赠计划的规范应该反向执行：你必须主动选择不捐赠。更多常见的例子包括手机自动更正功能的日常趣事，或者针对速食餐厅里暴饮暴食者的措施：撤掉这些餐馆里的食物托盘，既会减少浪费也可以缩小腰围。大家共赢！

当然，“助推”并不总是让个体和国家变得更好。汉堡连锁店的超大份套餐或电影院里坐地起价的软饮料，也都是“选择架构”的例子。信用卡、公用事业费的负账单计费模式和有线电视的捆绑销售也是如此。批评家们发现，赞成福利主义的观点恰恰是在助推家长式作风，实际上，这种观点已经被称为“自由家长主义”（libertarian paternalism）。这是政府对许多人眼中的基本政治自由的监管，即我想要什么就要什么的能力，哪怕是对我有害，甚至对世界有害的东西。

当然，就像不存在不受监管的市场一样，不存在非结构性选择。问题始终在于，是谁从既定的架构或监管体制中受益。泰勒和桑斯坦认为，好的架构意味着惠及所有人的更好的福利，而当人们几乎要陷入旧式的大国精英主义时，或是要求更老到的选择者帮助那些不那么精明的人时，他们永远都有“选择退出”条款这个退路。

但事情没那么简单。政治哲学家杰里米·沃尔德伦（Jeremy Waldron）对他口中的“助推世界”概念发表了一个更为透彻的批评，认为它不仅破坏了选择的自由，也损害了自主性和尊严。即使我们知道选择是被精心安排的，无论安排者是善意的政府机构还是贪婪的营销公司（比如那些反对超大杯软饮料的所谓“大杯禁令”的公司），我们仍然认为自由的体验是自我的基础。（最近的研究结果表明，对软饮料分量的限制对公共健康并没有明显的影响。）[6]

从这个观点来看，我们像老鼠一样，被社会迷宫里的福利奶酪诱惑着前进，日益衰弱。在所有对功利主义的社会安排的控诉中，“助推”是比较微妙的一种，它没有体现对人的尊重。这很有道理，但仍然没有切中要害。我们需要外部安排来使事物运转起来，不仅因为我们的选择经常是非理性的，还因为我们常常主动作恶。坚持毫无约束的选择就像是说，我们都应该在狂欢节上玩碰碰车，但是我们真正需要的是限速和交通法规。这是我灵光一现想到的关于当前言论自由“争论”的贴切比喻。

所以，无论我们对“助推”多么厌恶，它都会存在。它就像易货交易一样古老，像统计学或卡牌游戏一样狡猾。该同情的是人类社会本身。也许我们应该立志成为更好的选择者，但这需要大量的努力。只要我“感到”了自由，为什么不找个政策专家的选择架构来替我做思考？最后，“助推”突出了我们内心关于对欲望的渴望的纠结。我们或许希望实现更好、更自主、更有尊严的自我，但也许不是今天。今天，选择架构师们，我只想把餐盘装满！

社交媒体和更加广义的网络可以被视为所有速食餐厅的“母舰”。你不仅会得到一个托盘，你还会得到一个又一个托盘，想堆多少食物就堆多少。平行的立场很快就出现了：一些人认为，这是自由选择的高度；另一些人则认为，这是通过其他（自我强加的）方式实行的监禁。关于网络中立性的辩论为这个问题提供了一个有用的焦点，因为它涉及我们目前对机构、成瘾和自我的关注。

2017 年秋末，作为特朗普政府立法议程的一部分，美国国会将针对一项废除网络中立性的提案进行听证。其相关背景如下：联邦通信委员会（Federal Communications Commission）自成立以来，一直秉持所有互联网内容和内容提供者都是平等（或者至少他们是在一个公平的竞争环境中）的原则。互联网服务供应商们不可以区别对待不同的信息来源，即便这样做有利可图。如果允许他们这样做，将不可避免地出现选择性定价和双层服务的情况，而一些大型内容供应商——想都不用想就知道他们是谁——就能以更快更可靠的方式获得用户。而小型供应商、局外人，也许还包括政治边缘群体，将被迫转入慢车道，甚至可能完全被拒绝提供服务。他们在技术层面上仍然存在于网络世界，但无法进入潜在受众的视野。

现在，联邦通信委员会——自 2013 年起由曾是无线和有线行业说客的汤姆·惠勒（Tom Wheeler）担任主席——决定放弃中立立场，寻求互联网内容供应的彻底改革。大多数人在选择内容供应商方面受到严格限制，这使得这一问题更加严重。截至 2017 年年末，美国 9450 万互联网用户中，76% 的用户订阅了四大有线电视公司——康卡斯特（Comcast）、威瑞森（Verizon）、美国电话电报公司（AT & T）和特许（Charter）通信公司。约 96% 的用户在选择互联网服务供应商时，只有两种或更少的选择（也就是说，只有一种选择）。这些公司签订了各种竞业禁止协议来瓜分市场，而这些协议很可能违反了反垄断法，并形成了联合垄断和不同形式的价格操纵。这样一来，这些公司就把潜在的交易双方都吃透了：它们一方面可以决定消费者看到的内容，另一方面可以向那些希望吸引这些消费者的公司索取更高的费用。即使仅仅基于市场的角度，这也是一个严重的错误。从政治的大角度来看，这也可能意味着民主的失败——当然，这取决于你如何看待网络的潜力和角色。

对批评者来说，废除网络中立就等于是对言论自由的专制镇压。以下是政治评论员萨拉·肯德齐奥（Sarah Kendzior）对第45任总统就职期间的利害分析和对其不懈的社会扰乱计划所做的评论：

> 近一年来，美国一直站在受损的民主和蓬勃发展的独裁统治的岔路口。如果网络中立被摧毁，我们将毫无悬念地进入后者——独裁统治，而且没有回头路。对网络中立性的威胁更加凸显了社交媒体和独立媒体在数字时代的政治组织中的重要性。如果网络中立性被废除，这些途径很可能会被禁止向大部分公众开放，或者由于收益受损而被挤出市场。如果没有网上自由言论的途径，公民将很难做出挑战政府权威的事。[7]

好吧，说得也有道理。当然，如果你接受肯德齐奥的基本前提，即互联网对政治抗争至关重要，并且这正是当前政权想要限制互联网的原因，那么非常糟糕的事情似乎就要发生。另一种观点没有这样引人注目，但或许更有可能，即一个非中立性的网络会扩大现有的数字鸿沟，当特权公民的屏幕上充斥着各种各样的选择时，某些人群（例如农村居民）想要看到同样丰富的选择或是想要将商品贩卖到千里之外，就更加困难了。这是阻断而不是助推。

这是一场关于公平的辩论，但不一定是关于民主的。互联网真的看起来如此有利于民主吗？肯德齐奥等人参与了各种基层活动（包括揭露谎言和对不公正改划选区与剥夺公民权利的国家行为进行基础研究），她坚称："废除网络中立将阻止信息的流动，让选民受压制的情况更加无迹可寻。"我无意冒犯，但想对此提出两点直接反对理由：第一，这种信息流充其量只是网络流量中的沧海一粟，并被淹没在洪流般的谎话、错误信息和仇恨言论等网络内容中难觅踪迹，再加上色情内容、愚蠢的网络段子和纯粹的鸡毛蒜皮，那就更不用说了；第二，网络实际上不是进行政治抗争的必要条件，旧式媒体仍然能促成至少绝大多数政治行动。即使是沟通和组织，这两个被反复追捧为网络优势的政治抗争重点因素，在没有屏幕的情况下也是完全可以实现的，有"双轨制"互联网就更没问题了。为了进行政治抗争，准激进分子可能不得不离开他们的办公室，但这也许是一件好事。

除了以上两个观点，还有第三个观点，但与其说这是个反对意见，不如说是在另一种前提的驱使下得出的结论：互联网实际上对公众无益，用经济学的术语来说，互联网从来不是非竞争性的、非排他性的；无论是访问还是影响互联网，都会有相关的成本。它充其量只是一种高度结构化和规范化的通信媒介，支持各种私营企业，而其中有一些企业是营利性的，另一些则不是。在这个基础上，我们很难明确地说，它对民主纯粹是有益的，除非我们指的是柏拉图的《理想国》中，苏格拉底幻想和谴责的那种无拘无束的过度纵欲。民主并不意味着，而且也不应该意味着平等进入市场的机会和所有欲望的平等地位。

简言之，仅凭对任何选择不假思索的执念，以及无限制的言论自由，会让一个人把民主这一合法化的理想状态和纯粹不受限制的选择混为一谈。这是一个常见的错误，尤其是在新自由主义时代：消费者的选择更多的是关于日常现实，而不是关于政治决策——而后者往往本身也成了一种消费者选择。但是更重要的是，如果选择从来不是未经安排的，当然它确实不是，那么同样，言论也从不是自由的——因为总有约束和利益在其中发挥作用，还有连公然自称绝对论者的人也不会逾越的规则和门槛。事实上，正如我们早些时候看到的，这已经成为所谓另类右翼的讽刺笑话，他们搬出了言论自由的绝对主义，等着那些敢于批评他们的人出现。对这些可恨观点的反对被荒谬地解释为审查制度（然而反对他们的不是国家）、压制多样性（同样没有针对性的机制），或是“政治正确”的意识形态灌输问题。（还是那个问题，既然所有信息的自由交换理应是最有利于新自由主义的，这个谴责又是怎么出现的？）

一如既往，问题还是：何人得益（cui bono）？当然，就像很多人会花几个小时打“服务”热线，或者从中午等到下午 6 点，只为等技术人员的到来，我几乎本能地感受到了有线电视公司想得到的一切我都不想要。[顺便说一句，在科技信任方面，这些公司是一个明显的例外：接受调查的受访者对康卡斯特和威瑞森的支持率低于美国银行、通用汽车和塔卡钟连锁餐饮（Taco Bell）。] 康卡斯特等公司毫不掩饰他们支持废除网络中立的期望。在 2014 年至 2017 年上半年，他们投资了约 400 万美元游说联邦通信委员会和国会，2013 年更是斥巨资 1880 万美元，仅次于国防承包商诺思罗普·格鲁曼（Northrop Grumman）。这些动作并未见报于康卡斯特旗下的新闻部门［美国全国广播公司（NBC）、美国消费者新闻与商业频道（CNBC）和微软全国广播公司（MSNBC）］，只能解释为他们在为未来潜在的利润服务，隐藏生硬的立法“改革”这个卑鄙动机。讽刺的是，鉴于我们目前的担忧，一位评论家说：“有线电视公司已经弄清了美国的重大真相。如果你想做一些坏事，那就把它藏在什么无聊的东西里。苹果可以在 iTunes 用户协议中加上希特勒《我的奋斗》的全部内容，而你只会不停地同意、同意、同意，这是什么？同意、同意。”[8]

与此同时，网络中立性遭到的这些联合威胁，使得草根与网飞、脸书、谷歌这样的大型供应商结成了奇怪的政治盟友。一方是因为害怕失去网络通道的权利，另一方则是担心失去潜在的客户。但这些供应商已经对我们如何自我娱乐、如何相互交流、如何获得知识以及如何购物产生了重大影响。事实上，我并不太担心他们的利益，因为我知道，他们将不惜一切代价进入“快速通道”——或者，如一位油嘴滑舌的律师所言，进入“超高速通道”，因为其他所有人都已经进入了“快速通道”。做得不错，双层就是双层，即使其中一层被认为是聊胜于无。

与此同时，政府对科技巨头的监管进度缓慢，甚至索性放任自流。政府在监管措施方面表现出的犹豫或毫不掩饰的敌意，显然与更深层次的背景意识形态和政治承诺有部分关系。2018 年 7 月，欧盟行政机构——欧盟委员会（European

Commission）因谷歌违反欧盟市场竞争规则对其处以 50 亿美元的罚款，这是前所未有的。据估计，全球 85% 的手机安装了谷歌的安卓操作系统。谷歌利用其推土机式的影响力，迫使手机制造商预装谷歌搜索引擎及其开发的 Chrome 浏览器，这同时侵犯了消费者和竞争对手的利益。欧盟竞争事务专员玛格丽特·维斯特格（Margrethe Vestager）表示："谷歌的这种行为是将安卓作为巩固其搜索引擎支配地位的工具。"维斯特格还从她的职务出发，说了一些为罚款辩护的话。她的观点主要是从竞争和创新受阻的角度出发，但我们可以为那些不幸的手机用户想想，不管喜欢与否，他们都不得不面对谷歌和 Chrome 浏览器，并且可能最终还是会使用它们，毕竟这样最省事了。欧盟在数据保护和隐私方面比美国强硬得多：其 2016 年的《通用数据保护条例》（*General Data Protection Regulation*）将明确同意和对数据访问者的知情权这类问题，与常规法律措施结合起来，从而保护人权。比如，脸书估计这项规定使得 100 万的用户脱离了它的控制。

不出所料，唐纳德·特朗普在推特上愤怒地斥责了欧盟胆敢对谷歌采取监管措施，彼时他正和除俄罗斯以外的几乎所有美国之外的国家打贸易战，忙着在这场旷日持久的恶战中采取第一轮行动。"我早就警告过你们了！"特朗普用其特有的风格写道，“欧盟刚刚把一张 50 亿美元的罚单甩在谷歌脸上——这可是我们最伟大的企业之一。这的确让我们吃了点儿亏，但这样的局面绝不会持续太久！”二者其实早有旧怨，欧洲监管机构过去就对美国的数家科技公司处以了重罚。此前，欧盟委员会对谷歌处以 27 亿美元的罚款，原因是他们断定该搜索引擎赋予了自家购物工具优先权，以打压其对手网络公司所使用的购物工具。（谷歌对第一笔罚款提出了异议，并打算对第二笔罚款提出上诉。）包括美国前总统奥巴马在内的共和党和民主党政界人士都认为，欧洲这是在从一个其企业无法充分竞争的行业中寻求财务利益。政治评论员约翰·卡西迪（John Cassidy）写道：“认为欧盟出于利己目的而对美国企业进行制裁的说法，与事实不符。更准确地说，越来越多的证据表明，美国大型科技企业滥用其垄断势力，同时这些涉嫌滥用行为的受害者，包括许多美国公司在内，不得不跨洋申诉。”[9] 在美国国内寻求监管的尝试大多遭到了阻挠。2012 年，美国联邦贸易委员会（US Federal Trade Commission）的官员在一份 165 页的内部报告总结中称，谷歌的行为“已经、同时未来也将对消费者以及在线搜索和广告市场的创新造成真正的伤害”。他们建议对谷歌提起反垄断诉讼，原因是它的限制性合同及对应用程序强制性捆绑销售的行为。[10]但是在2013年1月，联邦贸易委员会的5名政治任命的委员否决了他们自己的同僚，并以5票对0票通过了不对谷歌采取任何法律行动的提议。

界面不是技术，是社会和政治影响的方方面面使技术在注意力经济中得以实现。正如往常一样，使用这些技术的我们才是真正的输家，尤其是当人们的注意力通常集中在这些巨头的竞争对手身上时——他们有着与巨头相同的计划，但缺乏支撑其垄断野心的市场份额。用户被指责使用市场主导的工具是因为懒惰，但要避开这些工具是极其困难的。他们还因为没有更加勇敢地通过删除账户或自愿戒断媒体这样的行为抵制这些科技巨头而受到批评。然而，当提供的选项只有“全有”或“全无”时（比如捆绑销售或搭配的狡猾逻辑），唯一一劳永逸的解决方案似乎只有丢掉手机和电脑——使用者其实没办法通过约束自己而赢得这场争斗。在这些以市场为基础的成本效益分析中，可怜的日常用户不知为何，“总是已经有错在先”。

3. 关于成瘾的无尽循环

当涉及界面时，仅仅责备成瘾者是完全不合时宜的，尽管这已经成了一种流行的、看起来根深蒂固的消遣方式。迈克尔·舒尔森（Michael Schulson）将网瘾比作赌博，正如他指出的："绝大多数关于赌博的学术文献都聚焦于上瘾者自己的思想和行为。（然而）在赌徒和赌博之间存在着某种东西——某种特殊的人机交互，这种交互关系是经过精心设计的。"[11] 此外，娜塔莎·许尔（Natasha Schüll）在她 2012 年出版的《被设计的上瘾》（*Addiction by Design*）中指出，这种交互是由数百个非常聪明的人设计的，他们的主要目标是吸引并抓住你的注意力——然而我们却一直指责你，作为个体的你为此而屈服了。[12] 许尔的研究重点是拉斯维加斯的电子老虎机，这是一种赌性极强的上瘾机器。她的见解虽是针对这个专为使人上瘾而精心准备的设计选择，却适用于许多例子。她还强调，设计者、用户、所有者和推动者各自的选择所构成的网络使得赌瘾难以戒除；其次，在老虎机成瘾现象中，可以观察到往往不为人知的性别和阶级差异。

事实上，我们对这种成瘾现象过程的理解一直是错误的。一则对许尔作品的书评在标题中反问道："物体是邪恶的吗？"[13] 当然，它们会允许并助长有害的影响，但这些物体本身可能并不是邪恶的。（如果它们是邪恶的，那意味着什么？比致幻剂更严重吗？）与技术紧密相关的语言可能本身就有抵消责任的作用，这不仅体现在关于“发展”之必然性的含蓄思想意识中，还体现在我们摆脱所使用的机器和软件带来的困境时，更微妙的小动作中。我们说的是强迫，而非选择；我们使用的是强制语言，而非代理语言。妙趣横生的《英语遁词词典》（*The Evasion-English Dictionary*）的作者，语言学家玛吉·巴利斯特雷里（Maggie Balistreri）提到了这样一个简单的动词选择上的重点措辞：“科技没有‘让’我做任何事，而是‘允许’我做任何事……它使我能够面对面地看某个人，同时也使我不用去与某些人面对面。它允许我联系或逃避。”[14]

即使保留了隐喻性元素的上瘾语言（并不是每个屏幕设备的铁杆用户都有物理上的依赖），也能使人们对这种行为进行一种揶揄的回避。“屏幕峰值”（Peak Screen）的支持者法尔哈德·曼约奥引用了科技研究公司 Creative Strategies 的分析师卡罗莱娜·米拉尼斯（Carolina Milanesi）对他说的话：“让你深陷其中的不是吸引你注意力的东西——你的短信、推特或其他东西。”曼约奥写道，相反，“你打开手机，就几乎立刻下意识地进入了让人难以抗拒的美妙数字世界，30 分钟后才迷迷糊糊地走出来。”米拉尼斯认为：“你只要打开这个让人无法抗拒的小盒子，就无法与之抗衡了。”[15] 人们每每谈及自己对触手可及的智能手机的上瘾倾向时，往往会自嘲地大笑，但当刺激因素是赌博、酒精或致幻剂的话，似乎只有那些非常堕落的人才会如此。

那么，设计者才是真正的恶魔吗？其实，既是也不是。从某种意义上来说，他们只是遵循一贯的理性利益的指令，通过自己的聪明才智赚钱而已。所以，持有者才是真正的恶魔吗？是的，但又不完全是。诸种情况以此类推，除了一个始终如一的事实——用户几乎总是被否定的一方。确实如此，几乎在所有情况下，都是用户承担着成瘾的指责，而设计师和持有者——通常无名无姓、不露踪迹，因太庞大而无法令人反抗——被认为是并非故意和不必承担责任的。“简言之，这并不是一场完全公平的战斗，”舒尔森写道，“当你读到足够多关于网络的强迫和干扰的文章时，你会开始注意到一种奇怪的模式。作家们对类瘾行为的普遍性和效力义愤填膺。他们将科技公司比作赌场老板和其他受监管行业的经营者。然后，在他们愤怒到极致的时候，又会表示应该改变的是用户，而不是设计者。”[16]

尼尔·利维在将上瘾视为一种外延作用的失败进行讨论时，很明确地指出，个体自身对躁动不安欲望的控制能力是有限的。他写道：“统一的自我是谈判协商和潜在个人机制在试图达到目的时所采用的强有力的策略的结果，或至少是一个重要部分。”这个观点与古老如柏拉图一般的思维自我分裂的理念相呼应。[17]当然，所有瘾君子都知道，一个人可以对自己捉摸不定的伎俩，例如狡猾的拖延、讨价还价、虚假承诺和违背誓言，习以为常。事实上，这就是上瘾的感觉，这就是为什么上瘾心理在不同程度的刺激（如致幻剂、酒精、烟草、食物、赌博、滥交、工作、暴力……）下如此一致。这些伎俩可以理解为既有环境因素也有个人因素，这颇有亚里士多德式反转手法的味道。“瘾君子的精神太过分裂，以至于正常的分散注意力的方法对他们起不了什么作用；相反，当他们建构自己的环境，让致幻剂提示物完全消失时，他们是最成功的。”[18]这种环境建构通过隔离或触发负面反应的药物治疗提高了吸毒的机会成本；或者，通过奖励一段时间的致幻剂戒除或定期召开联谊会庆祝戒断，来改变瘾君子与欲望驱动折扣曲线之间的关系。但对于任何一个与真正的瘾君子打过交道的人来说，这些策略的局限性是显而易见的。

用更显著的个人以外的环境控制来支持这些机制，提供了备用的防御退路。价格管制、对私有物品征收刑事税、特定时间或地点的使用限制、来自家庭或同辈的压力、有组织的社会反对，都是抑制成瘾的有效措施。我们可以在这些措施的基础上再做增加，比如在有名的自杀地点上设置自杀围栏，让人们停下来反思，这通常足以打消人们自杀的念头；或者通过广告宣传提高人们对意外伤害的认识。这些外部机制，就像上一章讨论的对言论的限制一样，都构成了种种矫正架。有害于行为主体的欲望并没有得到消除，而是变得代价极高（哪怕只是暂时的），以至于急于得到满足的欲望被压倒。同样，去矫正架的状态会导致那些瘾君子容易获得刺激，特别是当有其他破坏完全自主的因素介入时，例如贫困、家庭关系异常或遗传易感性，这些会使自我控制更难以执行。（请注意，一些机制，特别是家庭/同辈的压力，在这方面具有双向作用。）

然而，利维的观点可能仍然过于个人主义。“自主管理同政治管理一样，需要对行为主体施加垄断的强制权。”[19]但也许事实并非如此，毕竟，随着时间的推移，自我发展的实现可以看作是一件有益于公众的事。出于各种常见的社会原因，我们想要成为完全（如果不是痴心妄想的话）独立自主的行为主体：好公民、好父母、多产的文化领域参与者，等等。当然，构建一个超越强制性自我控制的社会环境有利有弊，在理想的条件下，这种环境的力量是最强大的。[20]的确，“罪恶税”和各种资产控制法规是以这种超越了孤立的个人欲望和行为的力量为假定依据的。即使我们暂不断定这种沉浸是不是一种完全成瘾的情况，这样的机制会不会不适用于与界面有关的自主性损伤呢?

舒尔森认为是这样的，至少暂时是这样。他主张对界面的用户体验加强控制，尤其是在基本体验方面：例如，管理通知和广告。更激进一点的话，或许可以禁止某些“强迫性设计”的功能，比如脸书上无止境的滚屏内容或约会软件上的滑动拒绝功能。此外，通过使用现有的用户偏好监控算法，可以很容易地识别对某些界面重度上瘾或明显成瘾的用户。可以设置一种触发器，对“超时”用户发布警报，或拦截对特定站点的访问。这种机制已经存在于面对诱惑的自我控制中，根据预先发布的限制，它会阻止用户访问社交媒体。实际上，这是在使用外延作用从（先前的）较强自我位置来强化较弱自我。也许有些界面本身需要这样的特性作为访问条件。更加激进的监管也是可以实现的，例如根据设定的时间和中央控制来限制所有形式的访问。当然，这会引起广泛不满，但我们应该注意，我们所知道的几乎所有满足有害欲望的行为，都会受到某种类似的行动主体外部机能的调控，从公开犯罪行为到发放酒类执照，再到限制营业时间。现在甚至连食品都必须用标签标明其具体原料。

本章要提出的另一个显著的改善途径是“道德设计”的兴起。如果我们不再因为用户沉迷各种界面而指责他们，而是坚持认为这种参与是有害的，那么让设计者们——比如致幻剂、速食、处方药或赌博场所的提供者——承担某些特殊责任就显得顺理成章了。首先，这可能包括一种认知，即设计伦理这一问题与利润率或对股东的回应无关，也就是说，社交媒体和其他形式的技术场景都是公共产品。[21] 乔·埃德尔曼（Joe Edelman）的论证更加具体，他认为，我们可以利用经济选择理论这种传统观点来证明，社交媒体上的许多（精心设计的）选择都是有害的，用他的话说，是“令人遗憾以及会让人与外界隔绝的”。

这些危害可以通过更加精巧的菜单设计来应对，这将提供更多的选择自由——并由此提供更多不威胁自主性的商品——甚至可以编制一个菜单、选择和结果的公共数据库来跟踪证据。（目前这类数据库的一个限制因素是，大多数“证据”是道听途说，通常都是些没用的“赞成”或“反对”措辞。）这样的数据库将记录下现有的界面设计中太过常见的隐藏成本和虚假承诺，让我们能够判断它们是否符合我们明智和有益的需求。[22]

当然，在无聊和幸福的问题上，也有一种对立的观点。许多城市设计师（通常但并不总是毫无根据地）认为，无聊对体验者来说总是有害的。他们提倡，为了尽量缓解压力，要避开容易产生无聊的场合，比如街头或公园。缺乏有趣的景象或刺激会使大脑处于压力状态，以至于处于这种状态的人更有可能做出危险的行为来消除压力。因此，在对无聊的新自由主义论述的延伸中，出现了一种巧妙的论点，即缓解无聊算是有益于公众的事，或者至少是设计中的一个重要目标。此处基于一个假定前提：压力总是消极的，需要尽快消除。

现在，作为一个受到建筑理论家雷姆·库哈斯（Rem Koolhaas）和扬·盖尔（Jan Gehl）[23]影响的人，我可绝不是主张反对改良街道设计；但是，从好的设计原则到一个保持持续刺激的总体计划之间有很大的差距。例如，崇尚古典思想的盖尔主张多样化，而不是刺激；至关重要的是，街道设计中必须包括那些不会对人产生太多刺激，甚至允许无聊产生的周期景观或延伸景观，这样我们的思维才能够处理之前经历的刺激，再细细体味未来某个时刻可能再现的刺激。虽然没有人会赞成不必要的痛苦，但我认为，把所有带负面感受的经历都视为必须不惜一切代价去避免的经历，是有危险的。有时候，缺乏刺激本身就是一件好事。（我认为，这不同于与宗教上将无聊理解为一种沮丧状态中对自己的思考和行动能力的不充分利用——埃里希·弗洛姆称为“生产力瘫痪”。[24]）

设计作家科林·埃拉德（Colin Ellard）指出，这与之前讨论的那种上瘾行为有关。他写道：“研究人员发现，即使是短暂发作的无聊也会增加皮质醇的水平，这与近期一些其他观点非常吻合，即无聊和死亡率之间可能存在某种联系。无聊还可能导致冒险行为。研究人员对成瘾的人进行调查，其中包括一些对药物和赌博成瘾的人，结果表明，他们的无聊程度普遍较高，并且无聊的发作是瘾症复发或冒险行为最常见的潜在因素之一。”[25]

埃拉德以一种对无聊半妥协的姿态总结道：“当外部世界无法吸引我们时，我们可以向内专注于内心的精神世界。无聊有时会被视作能让我们发挥天生的聪明才智，让我们去应对沉闷的环境，从而产生创造力。但是，有些街景和建筑忽视了我们对感官多样化的需求，它们与人类进化而来的对新奇事物的古老冲动格格不入，可能不会为未来的人类带来舒适、快乐以及最佳的实用功能。”别担心，现在有一款应用程序可以解决这个问题：这款应用程序功能强大，当你无聊的时候，你的手机会提醒你，以防你自己察觉不了。《麻省理工科技评论》（*MIT Technology Review*）上写道：“一组研究人员表示，他们已经开发出一种算法，可以通过观察一天中你的手机活动，考虑诸如你上次打电话或发短信的时间以及你使用手机的强度等因素，推断出你的无聊程度。”[26]

有一些人一旦碰不到手机，就会因为一直挂念手机而焦躁不安。对于这些人，有一个部分有用的解决方法——这和烟瘾非常相似，太多上瘾行为都是与那个看似简单实则复杂的现象学问题有关：我的手该放哪儿？当人们意识到自己已经产生了想要握着手机的近乎生理性的需要，一种奇怪却常见的心身依赖时，就会接受甚至渴望进行治疗性的干预，因为他们意识到已经被自己奴役了。此时，奥地利设计师克莱门斯·席林格（Klemens Schillinger）发明的一款代用电话登场。据报道，这款有用的"设备""有五种型号，而且据说它的外观和手感都类似真正的手机"。[27] 只不过它"没有屏幕，取而代之的是嵌在不同角度的长槽中的石珠。用户可以通过滚动这些石珠进行滑动、捏合、翻屏等操作，以此来满足想要掏出手机的强烈欲望"。这个奇妙的玩意儿就像我们这个时代的希腊排忧串珠一样，或者说得更好听一点，就像一个嗷嗷待哺的孩子的安抚奶嘴。这个代用手机是用黑色聚甲醛制成仿智能手机的外形，再嵌上天然矿石制成的圆珠，以模拟真正的手机的滑动和翻屏功能。设计师席林格认为："代用手机旨在让用户平静下来，帮助他们应对戒断症状［也称为'检查行为'（checking behaviour）］。"那些无可救药的上瘾之人还是有药可医的，哪怕是以安抚奶嘴的形式！但是，很遗憾，尽管这个玩意儿能解当下燃眉之急，却无法推广。人们不禁要怀疑，这个设计或许更像是一件艺术品，而不是辅助治疗手段。

无论如何，随着这种依赖和其相关比喻意象的不断循环，包括我们发展的对瘾症的治疗，新自由主义的争论又回到了原点。无聊是由环境引起的；个体以压力的形式感知无聊，这种压力必须得到释放；上瘾行为可能是缓解方式的一种循环。最糟糕的是，这是我们随着进化与生俱来的特征。因此，我们需要尽我们所能，在第一时间就限制无聊的出现。不过，让我们更清楚地指出其中的社会和政治假设。新奇感本身也许能部分地解释我们与生俱来的属性，但它本身并不是一件好事。此外，无聊在任何情况下都会出现，往往特别是在有大量刺激和毫不费力的短期欲望满足的情况下。无聊是症状，而不是疾病。如果不这样认为，就会再次成为新自由主义对自我描述的牺牲品。

毫无疑问，对于这些观点的讨论将会继续下去。我们只要记住，在所有这些努力以及有关这些努力的政治争论背后，隐藏着全面自主的自我问题，对此我们必须继续抱以怀疑的目光。这一点与卡夫卡殊途同归，但并非巧合。已故小说家大卫·福斯特·华莱士在讨论卡夫卡式幽默的独特之处时指出，他很难向他的美国学生传达这些看似黑暗的作品的滑稽之处。

华莱士说，问题在于，卡夫卡式幽默并不符合学生们已经掌握的所有明显的类别。这不是挖苦，不是反讽，不是胡闹，也不是故作伤感。[28]

事实上，卡夫卡式幽默是一种深奥而令人生畏的东西，但完全是我们所熟悉的，因为它具有人性。欣赏卡夫卡的作品就如透过一扇黑暗的玻璃，看见了自己。约瑟夫·K（Josef K）[1]被控犯有他和我们都不了解的罪行，并帮助那些倒霉的刽子手弄明白了如何挥刀结束他的生命。站在看似被锁上的天堂之门前的那个男人，后来变得神志不清，开始和他饱受折磨的外衣领子上的跳蚤交谈（而门一直是开着的）。华莱士认为，这里的幽默不是你用领会笑话的方式就能"领会"的。他的学生感到困惑，因为"我们一直都教他们把幽默看作是你能领会的东西——就像我们一直教他们自我就是你与生俱来的特质一样"。

因此，难怪学生无法欣赏那个带有卡夫卡精髓的笑话，那是一种可笑又可悲的讽刺："痛苦挣扎着建立人性自我，结果这种痛苦挣扎就此根植在自我的人性中，不可分割。那么，我们无尽且无望的归途，其实就是我们的归宿。"

完全准确！如果我们永远处于 T. S. 艾略特在《燃烧的诺

[1] 约瑟夫·K 为弗朗茨·卡夫卡的小说《审判》中的人物。

顿》(*Burnt Norton*)中生动描述的状态——“既不充实也不空虚。只有一抹微光/闪烁在一张张憔悴而饱经风霜的面孔上/心烦意乱不得安宁/充满幻想和空洞的意义。”——我们就不会正视这一事实，从而根本意识不到实现自我的复杂性，更不用想着轻而易举地将自我作为一个纯粹的前提假设了。当我们专注于消除无聊，或将无聊转化为创造力或进一步的消费时，我们纯粹在（可能是无限期地）推迟与自我的对抗，而这种对抗对自我至关重要。无尽又无望的旅程往往都是无聊的，然而，这是我们所有人都要踏上的旅程。

4. 自我消费

科技是一种环境，就像空气或自然环境一样理所当然。事实上，我们的存在的一个核心特征是，没有自然的（区别于人造的）现实领域。我们通常所说的自然是完全由人类造就的现实，即经过“人类世”改造的世界。这对一些人来说是显而易见的，然而对另一些人来说却是具有争议的。但想一想这一状态持续了多久，又有多少人加入到这一讨论中。举个俗套的例子：人们常说，是特纳“发明”了日落，决定性地将我们对每天发生的天文事件的体验置于各种中介层之中，使得我们看到的日落永远覆盖着一层视觉和其他（如浪漫、死亡、怀旧）含义。就当下的目的而言，海德格尔的提醒更一针见血：科技不是一种工具或工具的集合，也不是一种态度，而是一种把世界作为一个整体来解释的方式。科技以“座架”（Gestell）的形式，展示了它创造世界的力量，这种力量意味着它能让所有东西变得可获取并且可任意处置。举一个简单的例子，作为“储备资源”的森林被视为潜在的木材，瀑布被视为潜在的水力发电的资源。

但是我们绝不能认为座架效应，即将世界重新定位为一种储备资源，并不会涉及我们自己。我们自己也是一种资源，可以作为更大规模的可处理的元素来生产和消费。我们是用来工作的商品，就像“人力资源”这个用语所传达的，这些工作环境声称会在难以察觉的商品化迹象下保护我们。更严重的是，我们是满足自己欲望和愉悦的消耗品，让“自我”这个概念变成了一种可以像电子游戏或网飞视频一样被获取的产品。事实上，由于我们自身的人格存在常常缺乏与商业产品相关的结构，因此我们甚至可能渴望达到这种被描述为经典的产品所呈现的“连贯性”水平。我们希望自己能像那些制作成本高达数百万美元的东西一样得到精心策划并被分享，好让某位无聊的观众在随意浏览各种信息时能看到。

这种自我消费会产生一些副作用。这些副作用借由界面的机制实现运行和支配。当我们滑动屏幕的时候，当我们为了寻求连接或启发而将我们的意识转移到平台上时，我们就是在自我消费。当我们屈服于永恒的“现在”（过去和真正的未来都不存在的购物的现在、漫游网络的“现在”）的世俗诱惑时，我们就是在自我消费。居伊·德波在《景观社会》中对资本主义时代的分析是最近关于“现在主义”诱惑的警告，提供了非常合适的历史环境。或者，也许更恰当的是保罗·维利里奥（Paul Virilio）的极端措辞，这位也许是对科技和时间最有见地的哲学家说道：“这太棒了。时间的收缩、领土空间的消失，还有随之而来的防御工事中的城市和军械库的消失，导致‘之前’和‘之后’的概念以战争的形式仅仅指明未来和过去，因为‘现在’已经在决定战争的瞬间消失了。”[29]

界面在这种情况下，变成了一种永恒的致幻剂，一种永无止境的瘾症，它无关于真实的过去和未来，更无关于我们或许仍可以大胆称为真实目的的东西。让我们来看一个与此相关的虚构故事：在安娜莉·内维茨（Annalee Newitz）2018年的科幻小说《自治》（*Autonomous*）中，有一个无良药品开发商，他发布了一种提高劳动效率的药物的假冒版。[30]这种药品是按照具有全球影响力的跨国制药公司 Zaxy 新推出的具有里程碑意义的药品 Zacuity 仿制的。“Zacuity 可以减少中脑和前额皮质的神经元上多巴胺受体的数量，”书中一个人物解释道，“这样做会干扰大脑做出的决策，并且极易导致上瘾。人们一旦失去越来越多的这种受体，就会对服用药物时所做的事情更加上瘾。”专利盗版者发现了这一药品在资本家身上的商机。“可以获准使用 Zaxy 公司的这一药品，对这些企业来说是个好消息，”他指出，“因为你可以一夜之间收获一群沉迷于上班和完成项目的员工。”[31]

但是盗版的 Zacuity 非常容易让人上瘾。人们会变得痴迷于粉刷墙壁、做甜甜圈、在转接系统中执行决策——更有甚者，“校准”了保护纽约市免遭大西洋地下洪流淹没的系统，造成了巨大灾难。他们并非死于药物本身，而是死于脱水、免疫系统衰竭等副作用。他们的工作如此卖力、工作量如此之大，以至于完全没法顾及自己。这些就是在精神药物的刺激下丧失理智的工作狂。懊悔的药品盗版商试图阻止这种效应，他借助于一家野路子独立实验室里的基因设计师和逆向工程师们，尝试通过制造记忆缺失来打破成瘾的循环。如果能让那些服用了 Zacuity 而神经错乱的实验对象忘记多巴胺兴奋的循环（这是导致“工作直到死亡”的连锁反应的原因），也许就可以拯救他们，尽管他们会丧失短期记忆。

不幸且具有讽刺意味的是，如果他们停止服用这种温和的假药，换成正版 Zacuity，就会变成一无是处的员工。小说里写道："忽然之间，那些员工想骑自行车、想陪孩子玩耍、想看视频，或者打算为个人项目开发软件了。"除此之外，停药后的戒断反应也很是让人头疼。"服用了盗版 Zacuity 的员工恢复得很快，但服用正版药物的人突然发现自己多了几个月摸不着头脑的记忆，无法重新振作起来。也许他们再也不能像从前那样不知疲倦地工作了。"[32]

我们或许不必将这本书看作一本科幻小说，而可以将其看作是对人类与技术、工作投入之间痛苦关系的揶揄。这或许是"万物皆可商品化"的资本主义内在逻辑最明显的一种新特征。所有技术都旨在实现任务的专一性。在我看来，在这种驱动下，人们对自我的消费比其他科幻噩梦的制造者所推崇的休闲故事更为彻底。"我当时正在做决定！"一位对 Zacuity 上瘾的受害者哀号道，尽管她的决定最终使两辆地铁撞到了一起。目标感比单纯的愉悦感要更为强烈，而且——用戏剧性的语气来说——界面知道这一点。界面能蓬勃发展正是有赖于决定，哪怕是无意义、令人上瘾甚至有害的决定。这就是界面与无聊之间关系的本质。我们做决定的时候，或是画画、烤甜甜圈的时候，或是做任何 Zacuity 促使我们想做个不停的事情的时候，我们都不会觉得无聊。相反，因为我们可以构想人生，畅想未来，比如《机器人总动员》（*WALL·E*）中看不到尽头的生命之舟。所以，当我们只能体验到快乐时，我们就会感到无聊。

经验表明，我们以许多潜在的方式消耗着自我，其中也包括对自我的厌恶。我认为，我们对自我最彻底的消耗方式是对（我们想象中的）目的的追求。因为自我和它所相信的事物之间存在一种联系，这种联系总是借由科技的助推，并且与日常生活密不可分，所以我们很难厘清这些状态在多大程度上是由普通的技术条件促成的。同样，我们也很难想象，当面对似乎不可避免的现实时，我们究竟能集中多少政治资源和个人资源。

当然，一如既往的是，技术意识形态中最为阴险的方面恰恰在于，我们所隔离的破坏行为是在所难免的。海德格尔对这个关键之处有所暗示，尽管其后的思想家——埃吕尔（Ellul）和麦克卢汉（McLuhan）——将这一点表达得更为清楚。但是，在这个由界面统治的世界里，个人自由的代价是永远保持警惕。没有什么本就如此，而是需要我们自己改造；没有什么是不可避免的，除非我们逆来顺受。

第四部分

我们该如何继续

情绪报告
诺斯替派
讽刺
沉思
如梦

真正的旅行者并不认为无聊是一种痛苦，相反，无聊应当是一种愉悦。这是他自由的象征——一种超乎寻常的自由。所以，每当无聊降临之时，他都会以哲学的姿态欣然接受。

——阿道斯·赫胥黎，《边缘》(*On the Margin*)

1. 严格的魅力

至少在谷歌地图和车载 GPS 系统出现之前，站在十字路口的我们总会问：这条路通到哪儿？在回答问题之前，让我们像当年看老式地图那样，回望一下我们曾经走的路。

无聊主题随着文化环境，特别是技术环境的变化不断地改变着它的表达方式和形态。我们已经探讨过，对无聊见解最为深刻的哲学家——叔本华、克尔凯郭尔、海德格尔，一直努力地在永恒的形而上学真理版图中为无聊谋求一席之地。另一些人则认为这些存在主义解读毫无依据，或反过来强调了无聊在精神、进化和创造性上的作用。但一个不争的事实是，无聊与特定环境，以及基于人类意识构建这些环境的方式，有着密不可分的关系。无聊不是无缘无故的，有时，它是人们故意制造出来的。无聊体验本身可能存在一些普遍的特征，例如托尔斯泰和亚当·菲利普斯发现的躁动不安和"对欲望的渴望"。但是，如果没有同样重要的社会、政治背景的证据，我们无法准确估量无聊的力量。那些提倡用技术解决技术问题的人，总是吹嘘他们的新工具具有更广泛的优势。可如果更广泛的社会利益是亟待释放的内在潜力，那又会怎样呢？

人们常常将无聊与休闲时间的延长和现代个人主义联系起来，而就目前的情况而言，这种说法没错。但是，我们应该再次注意到一些相较于无聊更为古老的概念，如 accidie、"正午恶魔"（the noonday devil）般的无作为，以及据说连苦行僧都无法忍受的百无聊赖之感。这种在托马斯·阿奎那眼中的"世界的悲伤"包含一种现代忧郁和类似于怠惰的罪孽二者共同造就的无精打采的状态。阿奎那视其为对天赋义务的辜负，甚至可能由此走向自杀的不归路，那便是对圣灵的直接冒犯。作为这一信仰的现代继承者，让－夏尔·诺（Jean-Charles Nault）全力捍卫阿奎那－亚里士多德式的美德，视这种美德为对抗现代社会的种种罪恶以及我们挥之不去的绝望倦怠的方式。诺写道："尽管一切都沐浴在正午耀眼的阳光下，但淡漠性倦怠就像某种疑难杂症，裹挟着人的灵魂坠入疲倦的迷雾和绝望的暗夜之中。这种感觉挥之不去。这不是一场短暂的危机，而是一种彻底的、长期的不幸，它会使人丧失努斯（nous，灵魂），而努斯恰恰是用来思考上帝的。"[1] 要走出这种长期状态，唯一可靠的途径就是道德的行动，有目的地、出色地展现恰当的个人特性。诺告诫我们："记住，圣托马斯提出的道德行为是有明确目标的，正是这个目标赋予了行动意义，这样，这个行动就能成为我们对幸福的期待和准备。从这个角度来看，淡漠性倦怠似乎是一种诱惑，会让道德生活变得毫无意义。因此，这种恶习的极度不道德性便显而易见了：淡漠性倦怠等同于认可人类生活本就是荒谬的。"[2]

人类生活可能确实是荒谬的，但合理构思的荒唐行为并非与投入行动格格不入，而是恰恰相反。正如我们看到的，最近出现的具有世俗意味的无聊很快流行开来，但并不严重。阿道斯·赫胥黎在一篇关于淡漠性倦怠如何变得越发近在咫尺、越发平民化、越发与城市的过度刺激密不可分的文章中指出：

“无聊、无望和绝望一直存在，并且给我们带来的感受一如既往地痛彻心扉。形势使然，这些情感变得值得尊重并且可以开诚布公；它们不再罪恶，不再仅仅被视为病态。”[3]无聊的道德规范也因此发生了转变。这种曾被视为渎神的行为，现在常被认为是在折磨思想幼稚或不成熟的人，而非罪恶深重或内心绝望、对任何事都兴趣寥寥的人。并且，你有时会听到人们语气骄傲地说，他们“很容易感到无聊”——好像这是一种精神洞察力的标志，一种不易被逗乐的表现，而实际上这或许更像是一种精神上的缺陷。

但对于无聊的人来说，无聊从来都不是一件小事——我想几乎所有人都或多或少有过这种体验。在极端情况下，无聊简直是一种酷刑，长期受到单独监禁的囚犯或听从部署的士兵正是如此。我们生活中更加常见的无聊没这么恶劣，而是会琐碎地消磨意志、引起不悦。无论我们无聊的程度有多深，它都阻断了我们自身与世界的联系。打破这个阻碍，就会感觉像是冲破困身已久的黑暗牢笼，重新沐浴阳光一般。我现在知道该怎么做了。我可以再次树立目标。但是，从现象学的视角和在自我与世界的联系中，所有的无聊都是息息相关的，所以很难对它做出正确的解释。究竟为什么有些人觉得其他人很无聊？一样的道理，为什么同样的活动，例如听歌剧、钓鱼、看棒球比赛等，对一个人来说是一种无上享受，对另一个人来说却是一种折磨呢？[4]（我不想否认世上存在某些客观上无聊的事物、地方和人，但这种说法似乎背负着一种不必要的认识论负担。如果无聊的感知者不存在了，那还有什么是无聊的吗？）

就像凡勃伦告诉我们的，后一问题的部分答案存在于错综复杂的深层次品位之中，亦即审美和文化概念中最不可靠的部分。但因为品位并无价值，所以对我们也不会产生多大帮助——正如它对于其他任何主题，包括艺术哲学、深夜流行乐讨论等，也毫无裨益。正如布尔迪厄所说，我们所热衷的消遣方式和在穿着或休闲方面所偏好的风格，也就是我们整体的习惯应该与我们所处的社会和文化地位完全相符，这一点完全在意料之中。[5]尽管康德学派试图利用品位的悖论，但是这里不可能存在争议，不是因为我们不能了解到彼此的经历，而是因为品位的结构实际上是社会文化的，而不是个人的。

在这种情况下，许多人会倾向于转而诉诸心理学，从中寻找无聊的确切解释，正如主流话语往往会从心理学角度解释曾经被归属为哲学范畴的情况和问题，如恶、幸福、存在主义的情绪，等等。确实，仅在心理学方面就有大量关于无聊这个问题的文献。结果基本也都在意料之中：无聊是一种令人无法忍受的低兴奋状态；它可以通过新的刺激来“治愈”，有时我们也可以通过心理练习来帮助避免无聊以及其他一些“心理陷阱”，其中一些与拖延症密切相关，而拖延症与无聊息息相关。（在此重申，这两种情况都存在一个与缺失的一阶欲望有关的二阶欲望：我真希望我能有做点什么的欲望，而不是干坐在这里。我希望我有算税钱的欲望，但我做不到。）[6]

但是，无论从心理学的角度阐释无聊有多么准确，甚至多有裨益，似乎总是忽略了两个关键点。第一点是一个古老的见解，尽管叔本华对其亦有解读，但阐述最佳的是海德格尔。再次强调：也许我们不应该逃避无聊；它可能是一个更普遍的存在主义不适感的重要症状，值得我们思考。毕竟，不管无聊还有什么其他影响或其他变体，它都标志着我们与这个世界的关系以及我们身处其中的状态出了问题。第二点包含在更宏大的对现代资本主义社会的大规模批判之中。当然，人们大可对这种批判性野心嗤之以鼻，那些认为新自由主义的全球资本主义必将到来的人尤其如此。但我们必须看到，当代的无聊不仅是现代性的一种结果，更是工作和休闲的政治建构造成的。根据这种分析，可以得出无聊本身就是一种资本主义意识形态，受界面特有的自我抵消前提所推动。

一旦我们当下的手机控们充分认识到无聊是由心理以外的因素驱动的，而这些因素超出了个体本身的能力范围，我们就能开始看到手机屏幕作用于个人精神状态的关联性动态线。这应该是显而易见的，但那些过分重视精神自我控制的人仍然否认或忽视了它。然而这并无道理，因为我们有充分的证据表明，当面对精神兴奋时，人的心智尤其是意志力方面是非常脆弱的。于是，让我们回到生活中最鲜明的无聊场景，那是一个非常熟悉的画面：画面中一个人，甚至几个人坐在一起，他们的眼睛盯着智能手机屏幕，手指不停地在上面滑啊滑，点啊点。他们想要什么？他们不想要什么？（这一动作的重复和我刻意重复的描述是相呼应的：我们每天要面对多少次这样的场景？）

这些人在那一刻并不感到无聊，或者至少不会承认自己无聊。关键是，这种行为是为了避免任何潜在的无聊，防患于未然。即使他们外表表现得很平静，其实内心也存在着些许焦虑。人们什么也不想错过，不想与外界失去联系，也不想仅仅依赖自己的内心想法——与同样沉迷于手机的对面餐伴聊天？想都不要想。简言之，我们在这里所看到的，是一个为了避免自我与欲望之间产生任何冲突的尝试，但是这尝试暗藏绝望，注定走向失败。因为被驱逐，无聊成了看不见的、仍然在世间游荡的幽灵。

正如前文所论，这种行为的成瘾性体现在不停地从翻屏动作中寻求“满足”。某些设备和平台所创建的界面，口口声声承诺要满足用户，实际上却是为了防止用户获得满足感而精心设计的。我们不得不再次面对残酷的事实：脸书上不断推送的内容，推特上不停传来“啾啾”的信息提示音，来自朋友和同事源源不断的短信，从未为零的电子邮件收件数——从哲学上来说，这就像老鼠实验里的喂食箱：只要成功按下一个按钮，就能得到一个食物球。正如我们所见，媒体就像致幻剂一样，即使它们的成瘾模式并不简单类似于其他更明显的生理依赖。即使我们在给媒体贴上致幻剂和成瘾的标签时多少有些小心翼翼，但我们很清楚，对于媒体的有害性应该不畏直言。媒体并不是中立的，就好像并没有内在的倾向驱使我们做出上瘾的行为似的。恰恰相反，这正是他们的目的，只要我们允许，他们就会成功地让我们上瘾。所以现在出现了一个繁荣的文章书刊的反主流行业，支持沉默、孤独、媒体休假等，也不足为奇了。[7]

可以说，沉默和研究无聊一样，并不能解决我们关于欲望以及欲望混乱的问题。只有当死后没有一丝欲望时，问题才能解决！也许海德格尔是对的，对无聊的正确态度是一种严苛的迷恋。约翰·凯奇（John Cage）提出了一句庄重的箴言，亦可称为宣言，他说："如果你在做某件事，2分钟后就觉得很无聊，那就试试看做4分钟。如果还是很无聊，试试8分钟、16分钟、30分钟，等等。到最后，你会发现它一点也不枯燥，反而非常有趣。"不过我们先得克服那种普遍而深刻的本能反应——这位艺术家从某种意义上是在戏弄我们，用恶作剧的形式来引发思考——这并不是单纯因为我们缺少艺术修养。最近一位就无聊进行创作的作家把《4分33秒》（*4′33″*）[1]评价为"他（约翰·凯奇）这一策略最著名的例证"，并警告说："这件事难度可不小，而凯奇也并不总能成功，他在音乐史上仍然是一个争议人物。"但这样的评价实属平庸；这听起来像是引发争议在某种程度上类似于精神失常似的，或者说得难听点，是无法做出正常的判断。这位作家问道："怎么在不让人厌烦的前提下，让人感到无聊？"[8]显而易见，让别人厌恶你是一件极其糟糕的事，即使是晦涩的前卫艺术家也是如此！这位作家还说："许多现代艺术都是刻意地创造单调、缓慢或者重复，甚至连约翰·巴尔代萨里（John Baldessari）声称'我

[1] 一首长达4分33秒的无声音乐。

再也不搞无聊的艺术’都是以文字的方式一遍一遍地重复呈现。‘我再也不搞无聊的艺术，我再也不搞无聊的艺术，我再也不搞无聊的艺术……’这更像是个元笑话，而不是一个严肃的格言。”评论家请注意：没错，这就是一个笑话，但同时也是一个严肃的格言。这是通过把一个拒绝无聊的声明变成一个无聊的声明来实现讽刺效果。玩笑和严肃的意图毕竟并非水火不容，除非是美国文化中似乎仍多多少少存在的专门的禁讽区。[9]

这种拒绝认真对待无聊艺术的态度，看似无伤大雅，甚至令人振奋，但实际上却是危险的胡说八道，是把缺乏文化素养伪装成“常识”。例如，恩斯特·贡布里希（Ernst Gombrich）曾被奉为经典的“无聊的快乐”观赞颂了漫无目的的涂鸦摆脱了艺术学科这种典型的创造性无聊的条条框框，更摆脱了来自欧洲大陆的更深层的影响。在盎格鲁－撒克逊人对争议性艺术直白的无视中，这一观点并未得到充分关注。[10]这种态度忽略了贡布里希“快乐存在于无聊和困惑之间”这一见解的影响力，在这种阈限状态下，我们能够感知康德“无目的的合目的性”——一种尚未明确的初始意义。[11]不管对创作者还是观众来说，如果忽视了其中的乐趣，最终会比阿兰·德波顿或者马尔科姆·格拉德威尔作品中拖沓的章节还要糟糕得多，而他们都是顺应当下安排。这种大众思维的观点，实际上只是平庸的文化领域的产物——就像阿多诺对糟糕的好莱坞电影的评价，每次看完电影都觉得自己“更蠢、更糟”了。[12] 这样的评论对这个时代可不是好征兆：所谓的关于无聊的思考，不仅本身是无聊的（无聊的潜在悖论），而且复制了界面最糟糕的特质。简言之，这就是伪装成文化分析的智力炫耀，跟电视上的专题讨论节目没什么差别。

所以我们必须认真对待无聊的艺术、与无聊有关的艺术以及无聊在艺术体验中的地位。现代艺术使用了多种方式来实现、借用和调动无聊状态。[13] 凯奇关于时间的格言阐明了一个既经典又重要的立场。他着手进行了更广泛的美学研究，认为无聊的问题在于感知者，而不是被感知的事物。在这种情况下，人们就会要求得越来越多、持续得越来越久。这一要求与凯奇对禅宗佛教思想［被称为“曼怛罗”（mantra）的咒语的力量，通过仪式的重复和延伸来渗透普通的感知］的兴趣是一致的。认为被感知的事物（“它”）在某个时刻不再无聊，这几乎破坏了他的论点，但真正的问题是，作为感知者的我们，到达了一个智慧的临界点，在这个临界点上我们不再感知“它”。我们才是被改变的那一个，而不是“它”，毕竟“它”从未改变，只是不停地重复出现。本着这种精神，或许这就是朱利安·贾森·哈拉丁（Julian Jason Haladyn）所说的“无聊意志”的一个例子——原则性地运用无聊的可能性来挑战我们现有的意义和认知框架——就像瓦尔特·本雅明所说的那样，将我们置于“伟大行为的入口”。[14]

在苏珊·桑塔格出版的笔记中，可以发现她也在遵循类似的脉络思考艺术与无聊之间的关系。她写道：“人们说‘这很无聊’，好像无聊是吸引力的最终标准，任何艺术作品都无权让我们感到无聊。但我们这个时代大多数有趣的艺术都很无聊。贾斯培·琼斯很无聊，贝克特很无聊，罗布－格里耶也很无聊。不胜枚举。”[15]我们确实可以继续列举——从梅尔维尔到大卫·福斯特·华莱士，但此处最引人注目的是对于“无聊的权利”这一问题的强调。为什么艺术被剥夺了这项权利？毕竟，艺术实质上也是由人们的经验和创造力产生的，即使是一部闹哄哄的、爆炸声不绝于耳、对话精练帅气的动作片也可能是无聊的，甚至无聊至极。桑塔格沉思道：“也许现在的艺术不得不无聊。”但她并不赞同无聊的艺术一定是优秀的艺术。当然不是。不过，“我们不应再指望艺术来娱乐或消遣。至少，不是高雅艺术。而无聊是注意力的一种功能”。桑塔格对于最后一个论点的展开分析对我们探究的主题有重要启发。我们常常觉得一项工作很无聊，是因为我们没有能力保持这项工作所要求的注意力。有时，最伟大的艺术能够教会我们如何欣赏它，就像最高标准的眼界和娱乐都会成为后天的品位。简言之，我们不能因为觉得艺术无聊，好像没有什么值得思考的，而拒绝艺术，我们要对这种倾向保持警惕。无聊的艺术是进行更深层次思考的机会，正如作为哲学思考对象的无聊本身一样。

在此郑重声明，无论是我本人还是经常看我进行或播放这类表演的学生，都从未觉得《4分33秒》的表演有丝毫的无聊。（我并不确定我对“4分33秒”的应用软件有什么感受，你可以把它下载到你的手机上，录制并分享你自己的“4分33秒表演”。[16]）问题的关键不在于通过趣味性来弱化无聊，而是挑战我们认为某件事就是无聊的这种基本认知。凯奇的“4分33秒”的出发点并不是无聊。这种体验并不带有刻意的美学和哲学目的，相反，它的出发点在于时间、沉默和声音，然而同时也是一种针对音乐作品或对表演的定义十分切题的哲学研究。不过，关于现代艺术和无聊的关键见解一如既往地来源于安迪·沃霍尔：“有人引用我的话说‘我喜欢无聊的东西’。好吧，我承认我说过，而且我是认真的，但这并不意味着我不觉得它们无聊。”[17]

许多艺术家在这个充满悖论的领域深耕，认为人们对无聊事务的喜好是因为他们很无聊：摄影师马丁·帕尔拍摄的明信片，情景主义的“漂流”（dérive，即漫无目的的城市漂流），小说家乔治·佩雷克（Georges Perec）记录的发生在巴黎某个街角的一系列枯燥乏味之事。[18] 佩雷克致力于写那些“再平常不过的事”，那些无关紧要的事件，并首次着眼于“在那些看似什么都没发生的时刻，究竟发生了什么”。他特别关注城市街头来来往往的班车，以至于这本书中有些部分看起来就像是一份公交车进出站的时刻表——因其中琐碎日常的精确性，这部作品可以被视为一种广义上的界面。他尝试着将巴黎街头的繁华详尽描绘，但没有成功，甚至对强加于自身的无聊开始感到厌烦。更重要的是，这一切根本不可能停歇：任意一处地点，尤其是一个永不打烊的繁华都市，只会不停地前进。但还是会一如往常地有无关紧要的事情发生。

于是，隐形委员会（一群脾气暴躁且滑稽的虚无主义者）幸灾乐祸地控诉着当代文化的伪疗愈特征，及其试图用表面上的欢快姿态来缓解无聊的失败之举。他们在《将临的起义》（*The Coming Insurrection*）中发牢骚：“所有诸如‘最近怎么样’的寒暄，就好像我们的社会全由互量体温的病人构成似的。”对隐形委员会来说，无聊是现代社会生活中一种普遍存在的现象，因为在任何一个特定的社会中（发达国家尤甚），个体都存在本质上的孤独和自恋；而我们的应对机制显得不仅无效，并且荒谬。“现在的社交活动由一千个洞穴组成，如同一座座小小的收容所，为你提供庇护，无论如何总要好过在外面的严寒。”他们的改革运动在一定程度上是有明确的政治目标的，旨在对抗无数的社会和政治力量，这些力量使巴黎和其他任何地方都有着“高速公路、游乐园或卫星城所带来的观感：只有纯粹的无聊，没有激情，但秩序井然、空旷冰冷；除了登记在册的公民、川流不息的汽车和理想的商品外，一切都是静止的”。[19]

在这方面，我们还可以论及让－帕特里克·芒谢特（Jean-Patrick Manchette）的存在主义黑色小说，其中写到暴力犯罪的突然爆发打断了1968年后消费文化中的中产阶级无聊；还有J. G. 巴拉德（J. G. Ballard）和米歇尔·维勒贝克（Michel Houellebecq）的小说，也晚于前者提出了类似的观点，但更为悲观。[20] 在奥地利的电影大师米夏埃尔·哈内克（Michael Haneke）的诸多电影作品，尤其是在《趣味游戏》（*Funny Games*）和《隐藏摄像机》（*Caché*）中，他运用侵入性元素、持续不断的暴力和抑制认知等单调的特权生活所必需的东西来猛烈抨击中产阶级自满。这些离奇怪诞，同时又令人不安的艺术作品都与生产的社会关系及其最明显的新属性——无聊有关。然而它们一点也不无聊，因为它们提醒着我们要尊重居伊·德波的观点，即资本主义后期，尤其是后现代资本主义中的常规景象，总是在满足的表象下带给我们更多的不满。如果从中跳脱出来，就成了一种革命性行为，这是因为，它在持续刺激的网络中引发人们去进行反思。我们飘浮在这种景象之外，以求能重新找回被其抹杀的个性和目的。

对于那些本身就令人没精打采的作品，还有一个方法可以让其最终成为对无聊艺术的体验。当我想写一本关于帝国大厦的书时，我考虑过强迫自己观看安迪·沃霍尔 1964 年的电影《帝国大厦》(*Empire*)，这部电影只有一个 8 小时 5 分钟的拍摄帝国大厦的慢镜头。[21] 坦白说，我没看完。这在一定程度上是因为沃霍尔本人曾断言，这部电影的不可观看性也是他想传达的一部分。我可不能反驳大师对于自己作品的理解。在清单体风格的新闻业中，“无聊电影前十位榜单”自然是一个经久不衰的热门话题(《伊丽莎白镇》《英国病人》和凯文·科斯特纳后世界末日式的两部失败作品《邮差》和《未来水世界》是榜单上的常客)。但如果把《帝国大厦》与这些电影相提并论，那就是分类错误了：因为其他电影都有意娱乐观众，尽管事与愿违；而沃霍尔对时间和城市地标建筑的研究却恰恰反其道而行之。但要说清一件艺术品想从我们这里得到什么，并不总是那么容易。多年来，每当我试图观看维姆·文德斯广受认可的杰作《柏林苍穹下》时，我都会睡着。不管我喝了多少咖啡，下了多大决心，无论是在中午还是早晚，只要我一看那部电影，我都能打起盹儿来。这是我的问题，还是那部电影的问题呢？我想知道，这部广受赞誉的艺术作品难道本来就是一部非常无聊的电影吗？

有一个回答，可能是未来所有调查的关键。这部电影很梦幻，所以也如梦一般无聊：它就像梦一样具有启示性，却又很奇怪。有时，艺术作品正因为无聊，才会让头脑清晰有条理的人也无法欣赏它们的深刻之处。这可不是艺术所做的唯一的事，也不是无聊教会我们的唯一道理。但我们应该时刻注意，是什么让我们觉得自己正逐渐失去对平凡世界的掌控。我们不妨把它叫作来自潜意识的短信：TTYL！［为防你还不知道，我得告诉你，这是SMS上的表达方式，意思是“以后再聊”（Talk to you later），不过它的起源可以追溯到20世纪90年代英国青年用的俚语。同样值得注意的是，语音信息被吹捧为比打字更快、更“人性化”，因此到2018年年中，其普及程度已经与文字信息不相上下了。[22]］

再声明一下，这里所说的“以后”并不是指拖延症（无休止地将任务往后推延，往往会导致陷入愧疚的螺旋和行动瘫痪中）里的“以后”，而是包含着一个迫在眉睫却难以理解的问题：为什么要做事？当我们对无聊太过熟悉，以至于没有理由继续下去的时候，又有什么继续下去的方式呢？当普里莫·莱维问一名纳粹狱警为什么把冰柱从他口干舌燥的嘴里敲出来时，狱警对他说："不为什么。"这个片段深入人心。"没有原因。"无聊当然不是集中营，但它也会以独特的方式让人受到深刻的折磨和囚禁。就像在真正的监狱里一样，我们栖居的世界的意义被逐步抹去，随之消失的还有我们创造意义的能力。我们觉得需要爆发，但又绝不会是以更多的刺激和纷扰来战胜无聊的方式。所以，我们必须执行其他策略。

2. 爱

正如他们在议会辩论中所说的那样，我们现在必须提出具体问题。正如我前文所述，无聊的真正风险在于政治，而不仅仅是个人问题。迈克尔·E. 加德纳提出的符号资本主义的概念，对于当前的目的也同样适用。加德纳思索道："无聊是否能尽些微薄之力，帮助我们免受混乱的威胁，避免常让符号资本主义在边缘摇摆的意义毁灭呢？""它能否让我们至少设想一下搭上‘意义慢马’的可能性，而不是被信息资本主义解释学的虚无主义压垮？”[23] 让我们仔细剖析一番。加德纳所谓的符号资本主义，其实是我所说的界面和新自由主义无聊的另一种表达方式，或者至少是其中的一部分——也就是我们与当前经济社会体系结构互动的方式，尤其是通过 Alexa 等数字化服务，或者通过我们触手可及的各类屏幕所呈现的日常体验。“符号资本主义”这个术语比加德纳的论文中下一句话里的措辞（似乎没什么区别？）——“信息资本主义”——更可取，因为问题根本不在于信息，而在于意义本身。资本主义对我们欲望的反复暗示，关系到我们在符号系统中，而非数据中的处境。数据是抽象概念，而符号提供了身临其境却无法逃避的体验——即便是我们所渴望的解放自我的意义，也从政体中流失，如同一具被子弹打烂的尸体中流出的血液一样。

加德纳所指的毁灭，正是由那些没有明确意义的符号不断循环所导致的。举例来说，包围我们的不仅有社交媒体的推送内容和回复循环，还有“模因”和持续不断的意象超综合体——这些在情境主义时代是一种解放，但现在只是一种“可爱”的干扰。人们可能会对“可爱”在此语境中的含义进行分析，而分析结果也颇让人沮丧，尤其因为“可爱”的物品和图像带给我们的体验本身就是一种大脑药物，比如观看YouTube网站上的视频或动图帖子上欢乐嬉戏的动物会促进多巴胺的分泌。一位社会心理学家指出，对“可爱”事物的渴望“是一种恶习”，他将这种欲望比作人对糖或性的渴望，认为本能的力量压制了更具理性或自制力的思维状态。“我们想要‘可爱’来治愈我们……因为它能给我们带来快乐，让我们重获新生。”[24]

致幻剂是理性永远的敌人，它让人们染上无法自制的恶习——自从古希腊哲学家开始讨论“意志薄弱”（akrasia，希腊语：ἀκρασία）现象以来，这一点已经显而易见了。我们也开始认识到致幻剂有很多种类，而不仅仅是一些能够改变思维或情绪的化学物质。对无聊进行哲学分析真的能帮到我们吗？加德纳在某种程度上更新了我们所熟悉的哲学观点，即无聊对一个人存在的状态具有启发意义。如果我们不急着逃离它黑暗的怀抱，它可能会让我们放慢脚步，让我们意识到真正虚无主义的危险，而这种危险就潜伏在上瘾刺激的尽头。这不过是旧调重弹。当然，放慢脚步我们就能应对那些使无聊及其附带影响出现的欲望悖论。但这会改变整个体系吗？

恕我对此表示怀疑，尽管这样做并不会给我带来批评的快乐或是其他愉悦感。加德纳表示：“诚然，用这种方式解读无聊可能是实现真正社会变革可能性的必要条件，但不是充分条件。”此外，“我们必须承认，纯粹的个人适应、自助技术和真诚的（可能基本无效的）抵制注定会失败，因为它们不会超出我们私有化和商品化生活体验的范围”。这话很准确！“换句话说，只有集体方案才能解决无聊可能象征的欲望蚀本问题。”[25]简直精辟！

但是我们必须再一次仔细剖析这个满是行话和理论的深奥话题。换句话说，无聊给左滑拒绝机制中特有的已然失控的意义抹除过程踩了刹车，正如它表明问题不在于用户。实际上问题在于界面，这种结构的、经济的现实必须接受进一步的哲学分析。但这种分析是否与我们在这里所感受到的虚无主义相斥呢？不幸的是，并不相斥；或者至少哲学分析本身并不与它相斥。然而，我认为，我们必须像尼采一样接受虚无主义的现实：世界上唯一有意义的东西就是我们的创造。现在我们必须提出最难的一个问题：有没有一种集体解决方案，就像加德纳（等人）要求的那样，可以用来解决我们在21世纪遇到的新的无聊问题？

和很多人一样，我一直为叔本华的观点所困扰，他认为无聊会唤起“真正绝望的面容”。士兵、囚犯、无家可归者和其他不幸的人所感受的无聊，事实上是对沉迷手机的青少年或自命不凡之人的嘲弄。然而，我们不能简单地对这里的共性不做思考。悲惨和舒适的环境都会造成人生的悲剧。[26]事情就是这样。很久以前——当然这是从我现在的视角，但是在茫茫宇宙中只是弹指一挥间——我和其他许多哲学家一样，认为人类不该追求幸福。[27]或者，更确切地说，我认为“我如何能幸福？”这个问题是正确的，但人们对它的追求方式大多是错误的，他们没有充分考虑到社会和政治背景。幸福是一种结构性现象，而不是个体现象。因此，饥不择食地对所有刺激来者不拒，从而不断地试图避免刺激缺失的状态，这本质上是一种恐惧和逃避。这是一种自我挫败的行为。这种快乐类似于无营养的卡路里食物：我们都知道垃圾食品很美味，但缺乏营养价值。不过我们仍然会吃，因为它能在短期内满足我们身体对脂肪、糖和盐的时时存在的本能欲望。毫无疑问，无营养的卡路里也是卡路里，并且会产生欲望循环，从而加倍对我们造成伤害。我养成了对薯片或软饮料的嗜好，甚至可以说是依赖。建立在欲望满足这一模式中的幸福，就好比是狂吃薯条或在网飞上刷剧一样。那一刻可能感觉很好，但之后可能会后悔。

我认为，这种对于有关幸福的普遍困惑的批判仍然是有据可依的。我同样认为，对幸福本质的一些概念上的明晰，可以帮助我们改变生活模式，从而认识到当前面临的社会和政治挑战。我最初的结论大体上是亚里士多德式的：欲望得到满足后的幸福感，必须被美德和沉思取代，而这些才是内在精神世界被满足后应该产生的正确行为。我的这一观点至今并没有改变；事实上，随着欲望唤起和（所谓的）欲望实现机制变得更加复杂，我们对科技的沉浸也越来越彻底，因此我们对日常生活中的病态行为进行思考的需求也变得更加紧迫。某些形式的幸福仍在我们的掌控之中，但并不是因为我们能控制自己的欲望，而是因为欲望的不安定感让无聊成了界面上的一大难题。正如弗洛伊德所发现、居伊·德波等人所再次提及的那样，我们的欲望可以转化为各种新奇自由的形式。我们可以自在漫游，不迷失，不无聊，还能敞开心扉去体验生活。我们的大脑不用再去想压力和拼搏，我们在内心深处寻求平静，在那里，我们没有具体的目标，没有未完成的计划，没有各种自相矛盾、交互缠结的对欲望的无谓渴求。

没有目标，但仍有目的。只有死亡才能让欲望终结；相反，生命就是一种不与自身冲突的欲望。察觉到这一点，你就再也不会感到无聊了。或者……也许……如果你感到无聊，你就会像所有面对此状况的伟大哲学家一样，明白这是一个机会，一个顿悟的时刻。剩下的由你决定。不要刷手机屏幕了，停下来：细想、思忖、反省，最重要的是享受你的无聊——因为你没有别的东西可以享受。正如居伊·德波的忠告：我们都在学习如何等待。这是我们的条件，我们的环境，我们的危机。无聊发出一个信号，但只有我们能提供解决方案。为什么你还会再想要有其他欲望呢?

这里有集体的解决方案吗?坦白说，我不清楚，尽管我会建议，不断地批评自我和支撑自我的结构是我们能做的最好的事情。这就是我所理解的哲学。

就在我们感受到幸福专横力量的同时，对幸福的不懈追求被证明是一种无尽的不幸。我们无法逃避自己，也无法逃避意识，正如我们无法逃避我们的欲望。也许我们可以去控制它们；也许我们可以像对待自己的身体那样，来约束或塑造它们。不过至多也就如此了。我认为，接受这些真理就是爱自己。

3. 死亡

正如我们都知道但又拼命想要忘记的那样，有限的生命是一种真实的状态，此中的无聊永远仅仅是一种症状。

到这里，我们就要结束了。我可以继续说下去，但我不想让你们感到无聊。只有死亡能让人从无聊的世界里解脱，但我们必须学会如何等待。这些真理是没法在手机屏幕上左滑拒绝的。在那些已经如此熟悉的阵阵疯狂的消费浪潮中，永远逃离自我的新自由主义无聊，必须转变为哲学上的无聊，这样一来，停滞和静止的感觉，无事可做的日常刺激却反而会开启反思的大门。即便如此，恶性循环仍然包围着我们。自我反省是一种危险的追求：毕竟，头脑清晰也是一种负担。这是无法解决的。

一本书，就其本质而言，为读者提供了一种线性的体验——我们可以说，这是一种自愿的沉迷。当然，我们可以有选择地阅读，或者进行碎片化阅读，但句子作为一种机制总是在推动我们前进。然而，正如齐泽克对叙述本身的看法："体验一连串线性'有机'的事件"是一种必要的错觉。[28] 思想，就像事件和行动一样，可以按顺序排列，进而进行线性的记录。但是思想是不受约束的：它们总是设法逃避可靠的向前进步的束缚。齐泽克认为，唯一可以揭示无意识地接受进步的错觉的方法是"反向推进"，即以哈罗德·品特的《背叛》（*Betrayal*，1978 年话剧版，1983 年电影版）或克里斯托弗·诺兰的电影《记忆碎片》里的那种方式对叙事顺序进行切割或反向推导。有时候，结束真的就是开始。当然，当一本书的最后一个论点与它最初的提示相呼应时，那可能表明看似前进的过程实际上是一连串的圆环，而不是一条直线。

我们应该回忆一下，环式论证未必就是循环论证；无论如何，循环论证在学术层面都是有据可依的（结论总是遵循前提）。为了使论点站得住脚，我们还必须证明前提为真。至少目前的一些前提都可证为真。无聊的体验是一种折磨。我们往往会寻求逃离或者摧毁它。但我们的努力注定要失败。更糟的是，无聊会让我们卷入欲望经济和注意力经济中，而事实证明，这些可能对自我和幸福有所损害。

即使我们做了必要的社会和文化审查，揭露了那些利用我们薄弱意志的机制，但无聊的最初体验是无法被消除掉的。我们无法通过解释来消除无聊，我们必须直面无聊，与它进行殊死搏斗。根据苏格拉底和斯多葛学派的观点，死亡让我们回到了一个与出生前没有什么差别的非存在状态。即便我们幻想着死后还会以某种形式存在——我个人没有这种想法——但我们现在所处的这一生无疑将在未来的某个时刻停止。这个真理是人类意识所无法逃避的，就像意识本身的存在一样。

法国“反人道主义”哲学家路易·阿尔都塞是一个臭名昭著的抑郁症患者、高智商骗子。他在自己死后出版的自传《来日方长》(*L'avenir dure longtemps*，该书于1992年出版，阿尔都塞于1990年去世)的第一页，承认自己谋杀了妻子埃莱娜·里特曼(Hélène Rytmann)。这是一个可怕的过程，他一开始让他的妻子享受着舒适的颈部按摩，最终半蓄意地把她掐死。他写道：“埃莱娜面容安详，一动也不动，两眼瞪大，看着天花板。突然，我吓了一跳：她的眼睛呆滞了，过了好一会儿，她的舌头的一小部分，以一种奇怪而平静的方式，在嘴唇和牙齿之间露了出来。我以前确实见过死人，但我从来没有见过被勒死的女人的脸。但我知道她被勒死了。为什么呢？我站起来大叫：‘我勒死了埃莱娜。’”[29] 先生，你的确勒死了她。

阿尔都塞从未因谋杀而接受过审判，相反，他被送进了一家精神病医院，并在那里结束了自己的生命。在他漫长的职业生涯中最长的一本书里，他坦白了自己各种各样的不端行为，包括他特有的欺骗行为：假装了解某些经典文本，实际上他从未读过。(他说，他“对斯宾诺莎略知一二，对亚里士多德、智者学派和斯多葛学派一无所知，对柏拉图和帕斯卡尔颇为了解，对康德一无所知，对黑格尔略有所知，还读过马克思的几篇文章”。）评论者认为，该书纯粹的自我毁灭性是一种“死后自杀”的表现。[30] 这本书的书名暗示了这位哲学家一生大部分时间所遭受的沮丧和无聊，被翻译成《漫长的未来》（*The Future Lasts a Long Time*，贴合原标题但不够灵活）和《来日方长》（*The Future Lasts Forever*，更好些，不过法文书名的 longtemps 多了层诗意的破格）两个不同版本。不管怎样，我们都能感觉到时间的沉重。与此同时，L'Avenir 确实是“未来”的意思，但 la future 也有此意，这种微妙的差异在英语中无法传达，不过大部分手机在线翻译软件都将前者译为“the future”，而后者译为“The Future”。这种徒有虚名的解释抓住了 la future 的内涵，即未来是一种若有若无的客观存在，就像一堵时间之墙，而 L'Avenir 就是将要发生的事。

为什么要纠结于这些毛骨悚然的事呢？阿尔都塞所面对的其实几乎是所有人都会遭遇的：对自己产生严重的自我怀疑，只不过他更为极端。绝大多数人都会时不时思索：我为什么会在这里？我能做些什么？这些都是基本的哲学问题。我们怎样才能不再浑浑噩噩，不再像行尸走肉一般无限地重复着渴望呢？将一本书铺陈开来，即使是环式论证的书籍也无法永存，所以我们共度的这段时光也将结束，此刻我们必须问问自己：未来会怎样？我们又该如何继续下去？此时此刻，“未来”与“懂得等待”相遇。一如往常，我们的双手再次感受到时间的沉重，而生命却太过短暂。这些都是事实。

无聊既是与死亡常伴的体现，同时也是对生命的迫切认可。欲望是缠结的、阻滞的、自相矛盾的、暴力的，或者，也是在上瘾的泥潭中深陷、无法自拔的。

这不是世界的终点，而是一切的开始。我们仍会发现自己再次陷入无聊，我们会发现自己暂时失去了什么，但这意味着，我们会知道如何与自我相处。朋友们，这就是继续下去的方法。这是活着的时刻！一如既往，活在此刻、当下、现在，仅此而已。

Snowberry Park, Pine Point, Maine
79791
Snowberry Park
CLAM BAKES
REFRESHMENTS
FREE PARKING
GIFT SHOP
SNOWBERRY PARK

致　谢

批判的本质是拒绝无聊。

——帕特里夏·迈耶·斯帕克斯，《无聊》（*Boredom*）

事实证明，写这本小书是件充满趣味又富有挑战性的事。首先，我要衷心感谢 McGill-Queen's University 出版社的 Khadija Coxon，她从一开始就决定与我合作并支持我的创作。她提的修改建议对我这本书的每一部分都或多或少地起到了帮助作用，而且实际上，这本书的主要论点就是在我们的谈话中确定的。若没有她的帮助，这本书成稿好比天方夜谭。

本书的部分内容借鉴了早期出版的一些不同形式的材料，比如 Michael E. Gardiner 和 Julian Jason Haladyn 的 *The Boredom Studies Reader: Frameworks and Perspectives*（London：Routledge，

2016）一书中的“Boredom and the Origin of Philosophy”这一章节；还有 Carlos Prado 主编的 *Social Media and Your Brain*（Santa Barbara，CA：Praeger，2016）；以及 Carlos Prado 主编的 *America's Post-Truth Phenomenon: When Feelings and Opinions Trump Facts and Evidence*（Santa Barbara，CA：Praeger，2018）一书中“Truth，Interpretation，and Addiction to Conviction”这一章节。我要感谢编辑们邀请我讨论无聊、上瘾、科技等亟待解决的问题。这本书的一小部分已经在 *Literary Review of Canada* 和 *Globe and Mail* 上率先发表了。我还要分别感谢 Sarmishta Subramanian 和 Natasha Hassan。

同许多朋友和同事的讨论帮助我对本书所讨论的问题有了进一步的思考。在此特别感谢 Molly Sauter、Josh Glenn、Simon Gelndinning、Arthur Kroker、Juan Pablo Bermudèz-Rey 和 Carlos Prado。两位匿名的报刊读者也提供了一些有益的建议。Elspeth Gibson 协助我做了书目的研究。Wendy Calderone 和 Mary Newberry 确定了本书的终稿。

没有证据表明弗洛伊德（有资料显示他是个坚定的爱狗人士）说过那句广为流传的话：“与猫共度的时光从来不会虚度。”他可能会问：为什么？难道我们“希望”他说过这句话吗？这么说会让猫在意义的世界中处于更高的地位吗？对此，我们也只能靠猜测了。我想改一下这句话：与我家的猫共度的时光从来不会无聊。它们神出鬼没的特点也融入了本书。最后，我要对 Molly Montgomery 致以无尽的谢意，感谢她给予我无限的支持与关爱。

附注：参考书目

注：以下的参考书目详细列出了无聊研究的一些关键文本。本书使用的具体资料的细节，以及一些进一步阐释上下文的材料，可见尾注。

总注

Calhoun, Cheshire. "Living with Boredom." *Sophia* 50, no. 2 (2011): 269–79.

Calhoun 认为，无聊对于那些有空闲时间的人来说是不可避免的，因为人们想办法打发时间的能力有限。当人们的创造力丧失时，他们往往会转向没有目的的活动（纸牌游戏、上网等）或有害的活动（赌博、吸食致幻剂等）。

Eastwood, John D., Alexandra Frischen, Mark J. Fenske, and Daniel Smilek. "The Unengaged Mind: Defining Boredom in Terms of Attention." *Perspectives on Psychological Science* 7, no. 5 (2012): 482–95.

几位作者研究了无聊与注意力的关系，并提出无聊有三个方面：无法用令人满意的内部或外部刺激来吸引注意力；将注意力集中在注意力不集中的事实上；把令人不满的注意力不集中问题归咎于环境。

Elpidorou, Andreas. "The Bright Side of Boredom." *Frontiers in Psychology* 5 (2014): 1245.

Elpidorou 认为无聊并不完全是消极的；相反，无聊是有价值的，因为它促使人们摆脱不如人意的处境，寻求有意义的活动。Elpidorou 认为，如果没有无聊，人们就会陷在令人不满的处境中，错过许多有价值和令人满意的经历。

"The Quiet Alarm." *Aeon*, 30 July 2015. https://aeon.co/essays/ life-without-boredom-would-be-a-nightmare.

Elpidorou 认为，无聊是重要的，因为它提醒人们，他们陷入了一个令人不满的处境中，这会促使无聊的人找到更有意义的事情去做。然而，如今人们通过玩手机来掩盖无聊感，也就阻止了无聊发挥其作用。

"The Significance of Boredom: A Sartrean Reading." In *Philosophy of Mind and Phenomenology: Conceptual and Empirical Approaches*, edited by Daniel O. Dahlstrom, Andreas Elpidorou, and Walter Hopp, np. New York: Routledge, 2016.

Elpidorou 认为，无聊是重要的，因为它提醒人们，他们陷入了一个令人不满的处境中，会促使无聊的人找到更有意义的事情去做。

Raposa, Michael L. *Boredom and the Religious Imagination*. Charlottesville: University of Virginia Press, 1999.

对 Raposa 来说，无聊的体验具有矛盾性，它既对精神生活构成威胁——人们发现他们宗教生活的活动无趣且与生活脱离——又可能促使人们寻求宗教意义并且去丰富精神生活。

Svendsen, Lars. *A Philosophy of Boredom*. Translated by John Irons. London: Reaktion, 2005.

Svendsen 探讨了无聊哲学的历史，特别关注浪漫主义和马丁·海德格尔。Svendsen 自己认为，无聊是激发创造力的潜在动力。

政治 / 社会组织与无聊

Carroll, B.J., P. Parker, and K. Inkson. "Evasion of Boredom: An Unexpected Spur to Leadership?" *Human Relations* 63, no. 7 (2010): 1031–49.

几位作者认为，对无聊的癖好可能是优秀领导者的一个特征，因为它可以激发创造性思维、冒险精神和解决问题的灵活性。

Haller, Max, Markus Hadler, and Gerd Kaup. "Leisure Time in Modern Societies: A New Source of Boredom and Stress?" *Social Indicators Research* 111, no. 2 (2012): 403–34.

这项研究分析了 ISSP-2007 年关于休闲时间的调查，发现其中大约 60% 的被调查者表示他们没有足够的休闲时间，大约 33% 的人在空闲时间会感到无聊。

Kustermans, Jorg, and Erik Ringmar. "Modernity, Boredom, and War: A Suggestive Essay." *Review of International Studies* 37, no. 4 (2010): 1775–92.

几位作者认为，对世界和平的追求和无聊感都是现代世界的特征。作者认为，随着西方世界变得更加和平且无聊，人们越来越多地转向暴力表征和美化战争，从而寻求刺激。

Tilburg, Wijnand A.P. Van, and Eric R. Igou. "Going to Political Extremes in Response to Boredom." *European Journal of Social Psychology* 46, no. 6 (2016): 687–99.

作者得出结论，无聊和"极端政治倾向"之间存在联系，因为无聊驱使人们在生活中寻找其他意义来源。

无聊与科技

Panova, Tayana, and Alejandro Lleras. "Avoidance or Boredom: Negative

Mental Health Outcomes Associated with Use of Information and Communication Technologies Depend on Users' Motivations." *Computers in Human Behavior* 58 (2016): 249–58.

几位作者发现，使用科技手段来缓解无聊感与使用者的抑郁和焦虑情绪的频率增加并无关联。然而，长期使用科技来应对焦虑可能会“对心理健康产生负面影响”。

Skues, Jason, Ben Williams, Julian Oldmeadow, and Lisa Wise. "The Effects of Boredom, Loneliness, and Distress Tolerance on Problem Internet Use among University Students." *International Journal of Mental Health and Addiction* 14, no. 2 (2015): 167–80.

这项研究调查了 169 名大学生的网络使用习惯，得出结论：易感到无聊的学生倾向于上网寻找刺激。他们因过度使用互联网，导致学习成绩下降。

Thiele, Leslie Paul. "Postmodernity and the Routinization of Novelty: Heidegger on Boredom and Technology." *Polity* 29, no. 4 (1997): 489–517.

这项研究考察了海德格尔的观点，即现代世界对持续的技术创新和进步的热衷是由我们的“极度无聊”所驱动的。但我们通过技术创新来掩盖无聊感，逃避了在世界上寻找自己位置的责任。

心理状态与无聊

Barnett, Lynn A., and Sandra Wolf Klitzing. "Boredom in Free Time: Relationships with Personality, Affect, and Motivation for Different Gender, Racial and Ethnic Student Groups." *Leisure Sciences* 28, no. 3 (2006): 223–44.

本研究对 999 名大学生进行了问卷调查。研究结果被用来描述在空闲时间容易感到无聊的学生的“群体的相似性和差异性”。研究表明，种族、民族和性别是无聊倾向的唯一“显著的人口预测因素”。

Fahlman, Shelley A., Kimberley B. Mercer, Peter Gaskovski, Adrienne E. Eastwood, and John D. Eastwood. “Does a Lack of Life Meaning Cause Boredom? Results from Psychometric, Longitudinal, and Experimental Analyses.” *Journal of Social and Clinical Psychology* 28, no. 3 (2009): 307–40.

这项研究调查了“生活意义”、抑郁、焦虑三者和无聊之间的关系。简言之，研究结果表明，相比于抑郁、焦虑和无聊之间的联系，“生活的意义”和无聊之间有更强的相关性。

Hendricks, Gaironeesa, Shazly Savahl, and Maria Florence. “Adolescent Peer Pressure, Leisure Boredom, and Substance Use in Low-Income Cape Town Communities.” *Social Behavior and Personality: An International Journal* 44, no. 3 (2016): 99–109.

这项研究的结论是，虽然无聊和同龄人压力都能预测所调查社区的物质使用情况，但同龄人压力是两者中更显著的预测因素。

尾　注

前言

1. Martin Parr，*Boring Postcards*，修订版（London：Phaidon，2004）。
2. 参见 Luc Sante，*Folk Photography：The American Real-Photo Postcard, 1905-1930*（Portland，OR：Yeti Publishing，2010）。
3. 这就是为什么住在机场的想法必然是怪异的，甚至有些可笑。2004 年，由 Steven Spielberg 执导，Tom Hanks 主演的喜剧《幸福终点站》（*The Terminal*）讲述了一名男子被美国拒绝入境后，被困在纽约肯尼迪机场的生活。由于他的祖国内战，他无法回家，并很快就适应了在机场这个"非场所"里偷偷摸摸的生活。这个故事部分基于伊朗难民 Mehran Karimi Nasseri 的真实故事。1988 年至 2006 年，他在巴黎戴高乐机场一号航站楼生活了 18 年。然而，在 2018 年，那些在美国边境被拒却又无法返回饱受战争蹂躏的祖国的难民命运，让这样的故事没有了丝毫喜剧色彩。毕竟，我们在美墨边境设置的是集中营，而不是机场航站楼。
4. Slavoj Žižek 在他的 *Enjoy Your Symptom! Jacques Lacan in Hollywood and Out*（New York：Routledge，2013）中，详细介绍了汽车旅馆在《惊魂记》中的架构。他写道："如果是由 Frank Gehry 来建造贝茨汽车旅馆，直接把老母亲式的房子和公寓式的现代汽车旅馆

融为一体，形成新的混合式建筑，诺曼就没有必要杀人，因为这样他就免于在两地之间奔波，不用承担那种无法忍受的紧张感——这样一来，他就能在两种极端之间获得第三种斡旋的可能。”（273）。

这一点在电影 *The Pervert's Guide to Cinema*（Sophie Fiennes 执导，2006）中也有体现。我在 Joshua Nichols 和 Amy Swiffen 编辑的 *The Ends of History：Questioning the Stakes of Historical Reason*（New York：Routledge，2013）一书中的“Frank's Motel：Horizontal and Vertical in the Big Other”一文（103-126），讨论了这种纵向和横向之间紧张关系的概念，其中反复提到 Žižek 设想的由 Frank Gehry 设计的混合式建筑；这部分内容也作为独立的插图小册子出版了（San Francisco：Blurb，2013）。

5. Victor Pineiro，“Navigating the‘Hotel California’Effect of Social Platforms”，*Digiday*（2015 年 4 月 17 日），https：//digiday.com/marketing/navigating-hotel-california-effect-social-platforms/. Pineiro 写道：“如今社交平台的存在是为了培养分离焦虑：每一个新功能都是为了让你在平台上停留更长时间，浏览它的内容（和广告）……我们热衷于这些平台，就如同我们想要一直待在加州旅馆，成为我们自己建造的装置的囚徒。”无论是“装置”还是“设备”，对它们的沉迷都是不可避免的，或许也是情有可原的。

6. 参见 György Lukács 的 *The Theory of the Novel：A Historico-Philosophical Essay on the Forms of Great Epic Literature* 前言部分，Anna Bostock 译（London：Merlin，1962）。Stuart Jeffries 用以下短语作为标题，详尽描述了法兰克福学派：参见 Jeffries 的 *Grand Hotel Abyss：The Lives of the Frankfurt School*（London：Verso，2016）。

7. Martin Heidegger，*Being and Time*，John Macquarrie 和 Edward Robinson 译（London：Blackwell，1962），173。

第一部分　无聊的境况

1. 除了已在附注的参考书目中提及的一般著作外，以下书籍也值得一提：Elizabeth Goodstein，*Experience without Qualities：Boredom and Modernity*（Stanford，CA：Stanford University Press，2005）；Barbara Dalle Pezze 和 Carlo Salzani 主编，*Essays on Boredom and Modernity*（New York：Rodolphi，2008）；Michael E. Gardiner 和 Julian Jason Haladyn 主编，*The Boredom Studies Reader：Frameworks and Perspectives*（London：Routledge，2016）。我还想特别指出 Patricia Meyer Spacks 对 18 世纪至今的英语文学中的无聊进行的详细研究：*Boredom：The Literary History of a State of Mind*（Chicago：University of Chicago Press，1996）。Spacks 重点着墨于女性，尤其是早期英语小说中家庭场景里的女性对无聊及其可能带来的感受；这些感受完全不同于男性的体验，特别体现在，她们并不总认为从道德层面来说有必要针对"accidie"或"ennui"做出任何反应。
2. Chris Cillizza，"How the Senate's Tech Illiteracy Saved Mark Zuckerbeg"，CNN.com（2018 年 4 月 11 日），https：//www.cnn.com/2018/04/10/politics/mark-zuckerberg-senate-hearing-techilliteracy-analysis/index.html.
3. 参见 *Theaetetus* 155c-d，以及 *Meno*，84c。这些对话中提到的惊奇究竟是一种引起哲学兴趣的智力上的困惑，还是一种更强烈的、令人心生敬畏的惊奇，这一点是有争议的。无论如何，我们知道了将惊奇视为哲学和科学反思的推动力的传统观点，其历史可以追溯至柏拉图，并且包括了培根和胡塞尔这样的人物。我本人关于这方面的思考在“Husserl's Sense of Wonder”中有大致陈述：*Philosophical Forum* 31，no.1（Spring）85-107。文章再版于本人的*Practical Judgments*（Toronto：University of Toronto Press，2002），63-94。

4. Ludwig Wittgenstein，*Tractatus Logico-Philosophicus*，David Pears 和 Brian McGuinness 译（London：Routledge，1961），6.4311。
5. Adam Phillips，“On Being Bored”，收录于 *On Kissing，Tickling，and Being Bored：Psychoanalytic Essays on the Unexamined Life*（Cambridge，MA：Harvard University Press，1993），68。
6. Erich Fromm，*Man for Himself：An Inquiry into the Psychology of Ethics*（New York：Routledge，1999），40。
7. Erich Fromm，*The Dogma of Christ*（New York：Holt，Rinehart & Winston，1955），181。
8. Arthur Schopenhauer，*The World as Will and Representation*（*Die Welt als Wille und Vorstellung*，1811，1844），1：313。
9. 详细内容参见 Lars Svendsen 的 *A Philosophy of Boredom*（New York：Reaktion Books，2005）；更多关于无聊与工作和休闲的关系分析请见 Joshua Glenn 和 Mark Kingwell 的 *The Idler's Glossary*（Windsor：Biblioasis，2008），还有 Glenn 和 Kingwell 的 *The Wage Slave's Glossary*（Windsor：Biblioasis，2011）。

我们可以对比一下克尔凯郭尔对此的观点：“生命的意义究竟是什么？如果我们把人类分成两大阶级，可以说，一个阶级为谋生而工作，另一个则不用如此。但是，为生活奔波并不是生活的意义；为获得良好的生活条件所做的不懈努力反过来又成了这些条件所创造出的生活的意义，这本身就是一个悖论。按照这个逻辑，另一个阶级的生命意义也仅限于消耗这些生活条件罢了，除此之外再无其他。如果说生命的意义就是死亡，似乎也是自相矛盾的。” Søren Kierkegaard，*Either/Or：A Fragment of Life*，Alastair Hannay 译（Harmondsworth：Penguin Books，2004），49。后来，他又补充说：“无所事事绝不是罪恶的根源；恰恰相反，只要不感到无聊，才是真正绝妙的生活。”（230）。

10. Kierkegaard，*Either/Or*，227。
11. 同上，228。
12. Søren Kierkegaard，*The Concept of Irony：With Continual Reference to Socrates*，Howard V. Hong 和 Edna H. Hong 译（Princeton：Princeton University Press，1961），302。
13. 对此颇有见地的探讨参见 Gregor Malantschuk 的 *Kierkegaards Thought*，Howard V. Hong 和 Edna H. Hong 译（Princeton：Princeton University Press，1971），205。
14. Arthur Schopenhauer，*Parerga and Paralipomena*（1851），2:293。
15. Martin Heidegger，*The Fundamental Concepts of Metaphysics：World，Finitude，Solitude*，William McNeill 和 Nicholas Walker 译（Bloomington，IN：Indiana University Press，1995）；下文所有引文都摘自此版本。
16. 同上，78。
17. 同上，80。
18. 同上，80。
19. Kingsley Amis，*Difficulties with Girls*（London：Summit，1998），197。

20. Edward St Aubyn，*The Complete Patrick Melrose Novels*（London: Picador，2012），91。

21. 同上，112。

22. Martin Amis，*Night Train*（New York：Vintage，2007），120。

23. 同上，173。

24. 正如 Homer Simpson 那令人印象深刻的描述。

25. Heidegger，*Fundamental Concepts*，105。

26. 同上，109。

27. 同上，132。

28. 同上，137。

29. 同上，140。

30. 同上，152。

31. 同上，153。

32. 同上，154。

33. 同上，161。

34. Theodor W. Adorno，"Free Time"，出自 *The Culture Industry: Selected Essays on Mass Culture*，R. M. Bernstein 主编并翻译（New York：Routledge，1991）；下文所有引用都摘自此版本。

35. 同上，191。

36. 同上，192。

37. 同上，187。

38. 同上，194。

39. 同上，188。

40. 同上，189。

41. Pierre Bourdieu，*Distinction：A Social Critique of the Judgment of*

Taste，Richard Nice 译（Cambridge，MA：Harvard University Press，1984）。

42. Matthew de Abaitua，*The Art of Camping*（London：Hamish Hamilton，2011）。

43. Adorno，"Free Time"，191。

44. 同上，191。

45. 同上，192。

46. 同上，192。

47. 参见 Sandi Mann 和 Rebekah Cadman 的"Does Being Bored Make Us More Creative？"出自 *Creative Research Journal* 26，no. 2（2014）：166。该文引用和总结了近年来关于这一主题的绝大部分心理学文献。其中心结论是：有证据"表明，无聊有时可能是一种正向的力量。这意味着，在工作、教育和休闲中允许甚至欣然接受无聊的存在可能是一件颇有价值的事。就个人而言，如果一个人试图解决问题或想有创造性的解决方案，我们的研究结果表明，去做些无聊的事（尤其是阅读）可能有助于带来更具创造性的成果"。（171）。

48. 同上，171。

49. Timothy Williamson，*The Philosophy of Philosophy*（New York：Wiley-Blackwell，2008），288。以下相关引文摘自此书。

50. P. M. S. Hacker，"A Philosopher of Philosophy: Critical Notice of The Philosophy of Philosophy"，Philosophical Inquiry 59（April 2009）：337-348。Hacker 丝毫不显无聊的尖锐评论以这段耸人听闻的段落结尾：

    The Philosophy of Philosophy 未能描述分析哲学的语言转向。它没能解释为什么许多伟大的分析哲学家认为哲学是一个概念性的研究。它没有解释概念性真理是什么或在人们的认知中是什么，而是错误地将概念性真理等同于分析真理。它认为哲学仅通过思索就能发现关于现实的真理，却没有解释如何发现。它认为某些哲学真理是可以通过实验证实的，但并没有说明是哪些哲学真理。它歪曲了经验科学的方法论，歪曲了科学与哲学的区别。它与哲学的大多数分支毫无关系。但它确实为 Williamson 教授研究哲学的方式提供了一个合适的“自我形象”。

51. 英文翻译自 Guy Debord，*Society of the Spectacle*（Detroit：Black & Red，1983），sec. 220。

52. Friedrich Nietzsche，*Twilight of the Idols* 及 *Ecce Homo* 和 *The Antichrist*，Antony M. Ludovici 译（New York：Wordsworth Classics，2007），141。

53. T. S. Eliot，“Burnt Norton”，摘自 *Four Quartets*（London：Faber and Faber，1944），99-103。可对比阅读 Marina Van Zuylen 的 *The Plenitude of Distraction*（New York：Sequence，2017）。Van Zuylen 的书推崇无计划的思绪和飘忽不定的想法，书中的主角是那些创造性的思绪游移的人：蒙田、尼采、普鲁斯特、柏格森之类的人物。作为一个身心漫游的忠实拥趸，同时也是一个专注于奇思妙想、天马行空的人，我必须称赞一下这种任性的思维方式。不过，购物、玩手机、玩俄罗斯方块很难算得上富有成效，尤其是当你本应在听讲座时。真正的分心是一种自律，其余的只是一种非临床形式的注意力缺陷障碍。

54. Phillips，“On Being Bored”。

55. Peter Toohey，*Boredom：A Lively History*（New Haven，CT：Yale

University Press，2012）。

56. Jennifer Egan，“Pure Language”，出自 *A Visit from the Goon Squad*（New York：Anchor，2010）。Rebecca 是 Egan 将要出版的小说（2021 年）中年迈主人公的妻子，也是这一概念的来源。作者告诉我们，Rebecca“是个学术明星。她的新书是关于词壳现象的，这个词是她发明的，指的是那些脱离了引号便失去任何意义的词。英语中充斥着‘朋友’‘真实’‘故事’和‘改变’这些空洞的词——这些词的意义被剥除后，只余空壳。而有些词，如‘身份’‘搜索’和‘云’，显然已经因为网络使用而失去了灵魂。至于其他词，原因则更为复杂：‘美国人’为何成了一个具有讽刺意味的词？‘民主’怎么会被用来嘲讽呢？”

57. 例如 Slavoj Žižek 的 *Looking Awry：An Introduction to Jacques Lacan through Popular Culture*（Cambridge，MA：MIT Press，1991）。

58. Mark Kingwell，*Unruly Voices*（Windsor：Biblioasis，2012），16。

59. Jia Tolentino，“The Gig Economy Celebrates Working Yourself to Death”，*New Yorker*，2017 年 3 月 22 日，https://www.newyorker.com/culture/jia-tolentino/the-gig-economy-celebrates-working-yourself-to-death.

    大部分关于零工经济的评价其实是正面的：有一本书歌颂零工经济为“创业梦想”，还有些书提供了有创造力的方法以获得报酬更丰厚的零工工作。

60. David Graeber，*Bullshit Jobs：A Theory*（New York：Simon & Schuster，2018）；Graeber 最初提出了这个问题，并推广了这个工人们自己使用已久的术语：“On the Phenomenon of Bullshit Jobs：*A Work Rant*”，*Strike！ Magazine*（2013 年 8 月），https://

strikemag.org/bullshit-jobs/.

61. Drew Hendricks，“12 Tips for Being Happy at a Boring Job”，*Inc.*（2015 年 1 月 26 日），https://www.inc.com/drew-hendricks/12-tips-youcan-be-happy-at-a-boring-job.html. 不得不指出，在这篇明快的文章中，离开无聊工作的可能性是不存在的，我猜这大概是第 13 条建议。

62. Rosecrans Baldwin，“Throw Away Your Earbuds，Boredom Is Good”，*Los Angeles Times*，2016 年 2 月 7 日，http://www.latimes.com/opinion/op-ed/la-oe-0207-baldwin-boredom-benefits-20160207-story.html.

63. *Citizens United v Federal Election Commission*，558 US 310（2010）。我在 *Unruly Voices* 的导论中对这一决定的政治意味进行了一些分析，并在本书的后半部分再次对这一例子进行了讨论。

64. Thorsten Veblen，*The Theory of the Leisure Class：An Economic Study in the Evolution of Institutions*（1899）；Edith Wharton，*The House of Mirth*（1905）；Wharton，*The Custom of the Country*（1913）；Wharton，*The Age of Innocence*（1920）。（在本条和下一条引用中，我未给出具体版本信息，因为原文传播甚广。）

65. Max Horkheimer 和 Theodor Adorno 的“The Culture Industry：Enlightenment as Mass Deception”，出自 *Dialectic of Enlightenment*，John Cumming 译（New York：Herder and Herder，1972）；F. Scott Fitzgerald，*The Beautiful and Damned*（1922）；Fitzgerald，*The Great Gatsby*（1925）；此处尤其重要的是 Fitzgerald 的 *Tender Is the Night*（1934）。

66. 例如，Slavoj Žlavo 的 *For They Know Not What They Do：Enjoyment*

as a Political Factor（London：Verso，2008）；David Foster Wallace，*Infinite Jest*（Boston：Little，Brown/Back Bay Books，1996）。

67. 关于第一点，可参见 Mark Fisher 的 *Capitalist Realism：Is There No Alternative？*（London［？］：Zcro Books，2009），该书认为，2008 年的金融危机非但没有引发大规模的危机，反而进一步巩固了资本主义的利益和意识形态。

68. 例如 "What Toronto Singles Love（and Hate）about Dating in the City"，*Toronto Star*，2016 年 2 月 9 日，http://www.thestar.com/life/relationships/2016/02/09/what-singles-love-andhate-abut-dating-in-toronto.html.

此文采访的一些人提到了基于科技的约会软件的"商品化"和"空心化"。其中一位单身人士预测，"2016 年应该是脱离互联网约会的一年"，但这里需要留意微小的代际差异——这篇文章中所引用的单身人士主要分布在 25 岁以上的人口中。他们生活的大城市里还存在其他的约会机遇（他们中的许多人提到，他们更喜欢在酒吧或利用自己的交际圈来结识新朋友）。美国国家公共广播电台（National Public Radio）在线杂志 2016 年年初的一篇文章指出，根据皮尤研究中心（Pew Research Center）的一项研究显示，自 2013 年以来，18 岁至 24 岁使用约会软件的美国人数量增加了两倍。参见 Jennifer Ludden 的 "Do You Like Me？Swiping Leads to Spike in Online Dating for Young Adults"，The Two-Way，2016 年 2 月 11 日，http://www.npr.org/sections/thetwo-way/2016/02/11/466342716/do-you-like-me-swiping-leads-to-spike-in-online-dating-for-youngadults?utm_source=nextdraft&utm_mdium=email.

多伦多人面临的一个特殊问题也许在于，他们生活在“世界上最繁华而无聊的城市”（至少在某位评论家眼中是如此），但事实证明这是件好事。“历史上，多伦多从不趋向正义，它只为热水浴缸折服。”Stephen Marche 在 2016 年 7 月 4 日的 *Guardian* 上写道。“这些人一起过着平静的生活，没有太多的烦恼，这颇为不同凡响。”这座城市的关键问题“在于这座城市是否会步入一个带有复杂且融合的人性的辉煌未来，一个独特的世界主义的化身，或者它是否会退缩，被乌烟瘴气所蒙蔽并吞噬”。https://www.theguardian.com/cities/2016/jul/04/new-toronto-most-fascinatingly-boring-city-guardian-canada-week.

69. Eddington 的 *The Nature of the Physical World*（London：Macmillan）根据他 1926—1927 年的吉福德演讲改编。在书中，他为自己备受争议的“唯心主义”观点辩护，即“世界之物是精神之物”。Benjamin 详细地引用了 Eddington 的话，在书里写道：“这实际上是卡夫卡说的”；请参见“Some Reflections on Kafka”，出自 *Illuminations*，Hannah Arendt 主编，Harry Zohn 译（New York：Schocken），141-2。

70. Doree Shafir，“Meet the People Who Listen to Podcasts Crazy-Fast”，Buzzfeed，2017 年 11 月 12 日，https://www.buzzfeed.com/doree/meet-the-people-who-listen-to-podcasts-at-super-fast-speeds?utm_term=.majrNrz1N#.lj6lwlAXw.

71. Neil Levy，“Autonomy and Addiction”。*Canadian Journal of Philosophy* 36，no. 3（September 2006）：432，431。

72. 同上，433。

第二部分　理性的虚无

1. David Remnick，“The Unwinding of Donald Trump”，*New Yorker*，2018 年 7 月 17 日，https://www.newyorker.com/news/daily-comment/the-unwinding-of-donald-trump.
2. Sam Dolnick，“The Man Who Knew Too Little”，*New York Times*，2018 年 3 月 10 日，https://www.nytimes.com/2018/03/10/style/the-manwho-knew-too-little.html?smid=fb-nytimes&smtyp=cur.
3. 参见 Farhad Manjoo，“We Have Reached Peak Screen，Now Revolution Is in the Air”，*New York Times*，2018 年 6 月 27 日，https://www.nytimes.com/2018/06/27/technology/peak-screen-revolution.html.
4. William Wan，“I Had a Bit of an App Addiction. Until These Apps Saved Me”，*Washington Post*，2018 年 6 月 29 日，https://www.washingtonpost.com/news/to-your-health/wp/2018/06/29/i-had-a-bit-of-an-app-addiction-until-these-appssaved-me/?utm_term=.a7f39b0a181f.
5. Jaron Lanier，*Ten Arguments for Deleting Your Social Media Accounts Now*（New York：Henry Holt，2018）。
6. Alice G. Walton，“Social Media May Be More Harmful to Girls Than Boys，Study Finds”，*Forbes Magazine*，2018 年 3 月 20 日，https://www.forbes.com/sites/alicegwalton/2018/03/20/social-media-may-be-more-harmful-to-girls-than-boys/#79b998f97e35.
7. 此处参考 *I Feel Better after I Type to You*（Superbunker，2006），这是一部未刊行的文献，共 254 页，记录了用户 23187425 自 2006 年 5 月以来，使用美国在线（AOL）的搜索查询功能所访问的所有网页。这份被发现的记录，充满了诗意甚至宛如哀歌一般，表达着无尽的悲伤。23187425 在网页上搜寻意义所在，却被草率地诠释为纯粹的搜索行为，互联网本身成了诡异的第二人称对象（“你”），甚至这位网民在大众眼中也只是一串用户编号。我要感谢 Khadija Coxon，因为是她指出了这一交互空间强烈作用下令人心酸的实例。

8. Michael E. Gardiner，“The Multitude Strikes Back？ Boredom in an Age of Semiocapitalism”，*New Formations* 82（2014）：29。

9. 这一虚伪指控的新近愚昧支持者，是前 *New York Times* 的书评人 Michiko Kakutani，其作品 *The Deathof Truth：Notes on Falsehood in the Age of Trump*（New York：Tim Duggan Books，2018）试图用后现代主义和解构主义文学理论家的观念阐释唐纳德·特朗普的行为（顺便说一句，这是两个截然不同的哲学课题，尽管经常被知识浅薄的人混淆）。她声称，后现代主义是一场艺术运动，她在这场运动中“坚持阅读和写作四十年”。如果真是这样，那么她在这场转变中显然麻木已久，因为她对后现代主义的描述就是一种粗鄙的夸张讽刺，这与 Jean-François Lyotard 倡导的细致入微地“对元叙述的怀疑”几乎没有关系（详见 *The Postmodern Condition：A Report on Knowledge*，Geoff Bennington 和 Brian Massumi 译（Minneapolis：University of Minnesota Press，1984）。对这种浅薄的展示，人们只能同意 Jonathan Franzen 在 2008 年做出的犀利判断：Kakutani 是“纽约市最愚蠢的人”。

10. 由 Ron Suskind 援引，“Faith，Certainty and the Presidency of George W. Bush”，*New York Times Magazine*，2004 年 10 月 17 日，https://www.nytimes.com/2004/10/17/magazine/faith-certainty-and-

the-presidency-of-george-w-bush.html.

11. Robert Anderson，“The Rashomon Effect and Communication”，*Canadian Journal of Communication* 41，no. 2（2016）：250-65。

12. 在阿多诺的 *Culture Industry* 收录的作品中，既包括对阿多诺与霍克海默里程碑式的合作——*Dialectic of Enlightenment*（1944）——的原初分析，也包括后来专门的——同时也非常犀利苛刻的——对电视喜剧、日光浴、广播和休闲这一概念的抨击。

13. Roland Barthes，*Mythologies*，Annette Lavers 译（New York：Farrar，Straus & Giroux，1972），“序言”部分。

14. 对照了 Jean Baudrillard 的 *Simulacra and Simulation*，Sheila Faria Glaser 译（Ann Arbor：University of Michigan Press，1994）；和 Debord 的 *Society of the Spectacle*。

15. 详见 Jodi Dean 的“Publicity's Secret”，*Political Theory* 29，no. 5（October 2001）：624-50。

16. 心理学家 Hugo Mercier 和 Dan Sperber 最近进行的一项研究，探讨了基于事实的论点在影响人们心理状态方面的不足之处。具体参见其作品 *The Enigma of Reason*（Cambridge，MA：Harvard University Press，2016）。该书反驳了很多更倾向于理性的研究。Elizabeth Kolbert 对这一问题的分析见“Why Facts Don't Change Our Minds”，*New Yorker*，2017 年 2 月 27 日，http://www.newyorker.com/magazine/2017/02/27/why-facts-dont-change-our-minds. 关于这个问题，在本部分的最后一节，我还会进一步讨论。

17. “矫正架”的概念源于 *Global and Mail* 的一篇评论文章“Don't Bother Trying to Understand ‘the Other Side’”，*Globe and*

Mail，2017 年 8 月 29 日。该文着眼于我的哲学同人 Juan Pablo BermudèzRey 和 Joseph Heath 等人的论点。尤其值得参阅的是 Heath 的 *Enlightenment* 2.0（New York：Harper，2014），其对理性的看法比我乐观得多。我在"Boredom，Subjectivity，and the Interface"，*Social Media and Your Brain*，Carlos Prado 主编，3-25（Santa Barbara，CA：Praeger，2016）中探究了上瘾和社交媒体之间的部分关系；本书对这篇文章的部分内容进行了一定的修改。当然，现在已经有对社交媒体的监管了；扩大矫正架监管范围的建议与我们控制自身成瘾行为的其他任何机制并无不同。

18. Amy Davidson Sorkin，"The Anatomy of a Trump Twitter Rant：From Scotland Yard to 'Chain Migration'"，*New Yorker*，2017 年 9 月 15 日，https://www.newyorker.com/news/amy-davidson-sorkin/the-anatomy-of-a-trump-twitter-rant-from-scotland-yard-to-chain-migration.

19. 可参看 Stanley Fish 的 *There's No Such Thing as Free Speech ... And It's a Good Thing，Too*（New York：Oxford University Press，1994）。Fish 认为："当有人认为（必然会有人认为），反骚扰法规会阻止言论自由时，我们可以回答：因为语言只有在半吐半吞间，在被压制言论的衬托下，才能被理解，那么唯一的问题就是政治层面的法规对言论自由的限制，毕竟从各方面考虑，禁止人们说类似于'黑鬼''屄''犹太佬'和'基佬'这样的词是对的。如果对方继续道：'那言论自由的原则怎么办？'我们就可以说……言论自由原则只存在于糟糕的论点中，因为这些论点需要言论自由的原则来掩饰经不起仔细推敲的动机。"

关于最近的，特别是在大学校园的争议的概述，参见 Ira Wells，

"The Age of Offence", *Literary Review of Canada* (April 2017), http://reviewcanada.ca/magazine/2017/04/the-age-of-offence/.

20. 在心理学话语中推广同理心作用的心理学家 Edwin G. Boring 的名字中就有一个 Boring，这太讽刺了。参见 Khadija Coxon，"Reality for the People"，收录于 *America's Post-Truth Phenomenon：When Feelings and Opinions Trump Facts and Arguments*，Carlos Prado 主编，117-20 (Santa Barbara，CA：Praeger，2018)。

21. 我探讨了转变他人思想的渺茫希望，参见" 'It's Not Just a Good Idea，It's Law'：Rationality，Force，and Changing Minds"，收录于 *Legal Violence and the Limits of Law*，Joshua Nichols 和 Amy Swiffen 主编，1-16 (New York：Routledge，2016)。这是基于我在以下这篇文章中的一个初步尝试："Changing Minds：The Labyrinth of Decision"，*Primer Stories* 4，no. 1 (2016 年 8 月 29 日)，http:// primerstories.com/4/changingminds.
同时，人们所追求的那个可以自由表达的"思想市场"，其实与其他任何一个市场一样，都极易失败。1984 年，在一篇具有里程碑意义的文章中，法律学者 Stanley Ingber 称其为"合法化的神话"。参见"The Marketplace of Ideas：A Legitimizing Myth"，*Duke Law Journal*，1984 年 2 月，1-91；最近，评论人士注意到，这个隐喻重视的是挑衅，而不是理性话语，这使得 Cass Sunstein 所称的"两极分化的企业家"取代了诚实的商人。有一份粗略的调查，可以参见 Aaron R. Hanlon 的"The Myth of the 'Marketplace of Ideas' on Campus"，*New Republic*，2017 年 3 月 6 日，https://newrepublic.com/article/141150/myth-marketplace-ideas-campus-charles-murray-milo-yiannopoulos. 最近 David Shih 同样针对这个

比喻的空洞性进行了研究调查，“Hate Speech and the Misnomer of the‘Marketplace of Ideas’”，NPR，2017 年 5 月 3 日，http://www.npr.org/sections/codeswitch/2017/05/03/483264173/hate-speech-and-the-misnomer-of-the-marketplace-of-ideas.

22. Kingwell，*Civil Tongue*。

23. 例如，可以参见对该论点最初发表版本的两种愤怒的回应。两篇文章都着眼于一篇 700 字的蓄意挑起争端的文章中的一个短语，详见 Ezra Levant 的“‘We Could Even Ban Media Panel Discussions’: Globe & Mail Columnist Calls for Censorship”，Rebel，2017 年 9 月 1 日，https://www.therebel.media/globe_mail_columnist_calls_for_censorship；还有 Gerry Bowler 的“Putting a Muzzle on Those You Disagree With”，Troy Media，2017 年 9 月 1 日，http://troymedia.com/2017/09/01/putting-a-muzzle-on-those-you-disagree-with/.
这些媒体评论员似乎特别惊恐于媒体上的讨论类节目中可能存在的由民众（而非政府）执行的理性约束——仿佛他们的讨论能代表理性辩论似的。“他们厌恶你，我的朋友，” Levant 的文章总结道，“他们想让你闭嘴。”朋友们，离哲学家远一点！他手里拿着口套！一个看似经过深思熟虑的发布在 Alternative Right 网站（被列为“另类右翼奠基地”并引以为豪）上的一篇回答非常努力地在运用一些哲学论证，但本质上还是侮辱而非辩论：“骗子”“过分简单、虚无”“不成熟”“小聪明”以及（恰恰相反的）“热衷哈利・波特的爱猫女性写出来的网络杂志文”，差不多这类意思吧。诸如此类，不胜枚举，其中都提到了小聪明。他们的长篇大论还包括现在已为人所熟知的对原始论点的蓄意误解，以及自作多情地对于“后现代主义”的围攻产生的不满。

还有对我在道德（我不是客观主义者）、意识形态（我不认为它是一个不变的问题，而是恰恰相反）和欲望（当然它经常是非理性的——这就是我的全部观点）方面立场的系统性误读。总之，所谓的底线其实就像我说的：是这些人自己无法控制自己。如果你愿意，可以参阅 Ryan Andrews 的 "Free Speech Is Violence, and Its Might Makes Right"，*Alternative Right*，2017 年 9 月 5 日，https://alternativeright.blog/2017/09/05/free-speech-is-violence-and-its-might-makes-right/.

24. 可参看 A. J. Willingham 的 "The First Amendment Doesn't Guarantee You the Rights You Think It Does"，CNN.com，2017 年 8 月 8 日，http://www.cnn.com/2017/04/27/politics/first-amendment-explainer-trnd/index.html.

25. 就当我是异想天开吧，但我还是会不禁想起 1999 年的动作惊悚片《黑客帝国》，基努·里维斯（Keanu Reeves）在片中饰演打破幻象的幽灵般的救世主尼奥（Neo）。我甚至想以"吞下红色药丸"来给这一部分画上句号。然而有一个可悲的事实——这张照片被 Reddit 网站上一些愤怒的男权人士所利用和传播。这些性别理论天才认为，女人嘴上说着想要尊重和体贴（蓝色药丸理论），可她们真正想要的其实是统治和服从（红色药丸理论）。Rebecca Reid 对此有一个很好的批判性概述："Welcome to the Red Pill: The Angry Men's Rights Group That 'Knows What Women Want"，*Telegraph*，2015 年 11 月 13 日，https://www.telegraph.co.uk/women/life/red-pill-mens-rights-anti-feminist-group-who-know-what-women-want/. 最近，不论是在 "incel"（非自愿独身）运动中，还是心理学家 Jordan Peterson 及其追随者等人，都在继续争论着这一问题。好吧，我已经说得够多了！

26. Elizabeth Kolbert，“Why Facts Don't Change Our Minds”，汇总了 Mercier 和 Sperber 的观点。
27. Jack Gorman 和 Sara Gorman，*Denying the Grave：Why We Ignore the Facts That Will Save Us*（New York：Oxford University Press，2017），Kolbert 对此有引用：“Why Facts Don't Change Our Minds”。
28. Steven Sloman 和 Philip Fernbach，*The Knowledge Illusion：Why We Never Think Alone*（New York：Riverhead，2017），Kolbert 对此有引用：“Why Facts Don't Change Our Minds”。

第三部分　自我的危机

1. Matthew Field，“Facebook Will Not Ban Holocaust Denial ‘Because People Get Things Wrong，’ Says Mark Zuckerberg”，*Telegraph*，2018 年 7 月 18 日，https://www.telegraph.co.uk/technology/2018/07/18/facebook-will-not-ban-holocaust-denial-people-get-things-wrong/.
2. Sheera Frenkel，“Facebook Starts Paying a Price for Scandals”，*New York Times*，2018 年 7 月 25 日，https://www.nytimes.com/2018/07/25/technology/facebook-revenue-scandals.html.
3. Sandy Parakilas，“We Can't Trust Facebook to Regulate Itself”，*New York Times*，2017 年 11 月 19 日，https://www.nytimes.com/2017/11/19/opinion/facebook-regulation-incentive.html.
所有对 Parakilas 的引用均来源于此。
4. Max Read，“Does Facebook Need a Constitution?” New York Magazine，2018 年 7 月 18 日，http://nymag.com/selectall/2018/07/

does-facebook-need-a-constitution.html.

5. 2015 年的一篇讽刺文章已经设想过，一旦脸书完全控制了信息流，“新闻”会变成什么样子：

　　昨日，伟大的马克·扎克伯格以高贵的姿态开启了新的一天，随后按照日程接受了关于公司最新的新闻计划的采访，胸有成竹地认为自己是历史上最伟大的人，而脸书是有史以来最好的发明。扎克伯格先生一如既往地英俊，他有着像阿多尼斯一样的体格，以对同胞无私的关心开始了自己的每一天。他从未想过要从针对性投放的公寓清洁广告和为大学毕业生打折的优惠活动中获利，更没有想通过技术奴役被其麻醉的民众，以实现统治全球的计划，因为民众仅仅是经历了一些强制性的点击、滑屏和被动“点赞”。这份声明强烈建议，任何被此类莫名其妙的理论所误导的支持者都应被判死刑。

Teddy Wayne，“Facebook Is the Best”，*New Yorker*，2015年5月21日，https://www.newyorker.com/humor/daily-shouts/mark-zuckerberg-is-the-greatest-and-facebook-is-the-best.

6. 参见 Matteo Galizzi 和 Goerge Lowenstein 的 “The Soda Tax as a Measure for Sustained Change in Vonsumption”，Vox，2016 年 6 月 14 日，https://voxeu.org/article/beyond-nudging-case-uk-soda-tax.

7. Sarah Kendzior，“Gutting Net Neutrality Is a Death Knell for the Resistance”，*Globe and Mail*，2017 年 11 月 26 日，https://www.theglobeandmail.com/opinion/gutting-net-neutrality-is-a-death-knell-for-the-resistance/article37088279/.

8. 此外还有 John Oliver 在 2014 年 6 月的 HBO 节目 *Last Week Tonight* 上的言论。参见 Kendzior，“Gutting Net Neutrality”。在该期节目

的前半部分，Oliver 说了这样一句话："网络是中立的。在英语中，只有两个词能让人觉得比这更无聊——'featuring Sting'。"

9. John Cassidy，"Why Did the European Commission Fine Google Five Billion Dollars?" *New Yorker*，2018 年 7 月 20 日，https://www.newyorker.com/news/our-columnists/why-did-the-european-commission-fine-google-five-billion-dollars?
10. Brody Mullins、Rolfe Winkler 和 Brent Kendall，"Inside the U.S. Antitrust Probe of Google"，*Wall Street Journal*，2015 年 3 月 19 日，https://www.wsj.com/articles/inside-the-u-s-antitrust-probe-of-google-1426793274.
11. Michael Schulson，"User Behaviour," *Aeon*（2015 年秋），https://aeon.co/essays/if-the-internet-is-addictive-why-don-t-we-regulate-it. 亦可参见 Natasha Schüll 的 *Addiction by Design：Machine Gambling in Las Vegas*（Princeton：Princeton University Press，2012）。
12. Natasha Schüll，*Addiction by Design：Machine Gambling in Las Vegas*（Princeton：Princeton University Press，2012）。
13. Laura Noren，"Can Objects Be Evil? A Review of 'Addiction by Design'"，Social Media Collective，2012 年 9 月 6 日，https://socialmediacollective.org/2012/09/06/addiction-by-design-review/.
14. Maggie Balistreri，*The Evasion-English Dictionary*，修订版（New York：Em Dash Group，2018）。
15. Manjoo，"We Have Reached Peak Screen"。
16. Schulson，"User Behavior"。
17. 柏拉图在作品中多次提及灵魂（psyche）分裂的观点，其中以《理想国》和《斐德罗篇》中尤为生动；后者在 246a-54e 中，有一个关于人类灵魂的著名比喻：一位理性的驾车人驾驶着战车，他试图去引导两匹马，一匹桀骜不羁难以驾驭，一匹精神饱满但有些高傲。最近出现了这一想法的复刻版，把"个人"思维想象成一个难以驾驭的内心委员会会议的突发性特征，当主体进入失业的第二季度时，睡眠、糖、水、蛋白质和酒精（等等）因素都开始争夺主体的会议安排控制权。Hallie Cantor，"My Brain：The All-Hands Meeting"，*New Yorker*，2015 年 8 月 24 日，http://www.newyorker.com/magazine/2015/08/24/my-brain-the-all-hands-meeting.

18. Levy，"Autonomy and Addiction"，437 和 442。
19. 同上，443。
20. 最近有大量关于自我控制的学术文献和通俗文献，其中大部分都引用了著名的斯坦福大学的"棉花糖测试"（marshmallow test），该测试探索了儿童延迟满足感的能力，并将这种能力与其他成功的思维、行动策略联系起来，包括更高的 SAT 分数和更低的身体质量指数。最常见的论述见 Walter Mischel 的 *The Marshmallow Test：Mastering Self-Control*（Boston：Little，Brown，2014）。
21. 例如，Tristan Harris 的"The Need for a New Design Ethic"，详见 TED 演讲，http://www.tristanharris.com/the-need-for-a-new-design-ethics/.
22. Joe Edelman，"Choicemaking and the Interface"，nxhx.org（2014 年 7 月），http://nxhx.org/Choicemaking/.
23. 参 见 Rem Koolhaas，*Delirious New York*（New York：Monacelli，1978）；Jan Gehl，*Cities for People*（Washington，DC：Island，2010）。

24. “我深以为无聊是最恐怖的折磨之一，”他在 *The Dogma of Christ* 中写道，“在我看来，人若久困无聊，便是身处地狱。”Fromm，*The Dogma of Christ*（New York：Holt，Rinehart & Winston，1955），181。

25. Colin Ellard，“Streets with No Game”，*Aeon*（2015 年 9 月 1 日），https://aeon.co/essays/why-boring-streets-make-pedestrians-stressed-and-unhappy.

26. Rachel Metz，“Your Smartphone Can Tell When You're Bored”，*MIT Technology Review*（2015 年 9 月 2 日），https://www.technologyreview.com/s/540906/your-smartphone-can-tell-if-youre-bored/.

27. Dean Daley，“The‘Substitute Phone’Is Supposed to Help People with Smartphone Addiction”，*Financial Post*，2017 年 11 月 28 日，http://business.financialpost.com/technology/personal-tech/the-substitute-phone-is-supposed-to-help-people-with-smartphone-addiction.

28. David Foster Wallace，“Laughing with Kafka”，*Harper's Magazine*（1998 年 7 月），23-7。

29. Paul Virilio，*Speed and Politics*，Mark Polizzotti 译 [New York：Semiotext（e），2006]，156-7。

30. Annalee Newitz，*Autonomous：A Novel*（New York：Tor，2018）。

31. 同上，116。

32. 同上，263。

第四部分　我们该如何继续

1. Jean-Charles Nault，*The Noonday Devil: Acedia, the Unnamed Evil of Our Times*（San Francisco：Ignatius，2015），20，27。

2. 同上，109。

3. Aldous Huxley，“Accidie”，*Mass Leisure*，Eric Larrabee 和 Rolf Meyersohn 主编（Glencoe，IL：Free Press，1956），18。

4. 我在 *Fail Better: Why Baseball Matters*（Windsor：Biblioasis，2017）一书中谈到了所谓的棒球无聊；Andrew Forbes 在他风格明快的书作 *The Utility of Boredom: Baseball Essays*（Halifax：Invisible Publishing，2016）中也谈到了这点。至于钓鱼和无聊，请参阅我的 *Catch and Release: Trout Fishing and the Meaning of Life*（Toronto: Viking，2003/4）。尽管在 Springfield-Shelbyville 一场比赛中，喝不到啤酒的 Homer Simpson 痛苦地喊道：“我从未意识到这比赛有这么无聊！”但是这两种休闲方式丝毫不让我觉得很无聊。（见“The Simpsons-Baseball's Boring”，YouTube，2011 年 6 月 4 日，https://www.youtube.com/watch?v=VlORWhsJjNM）。作为一个半吊子歌剧迷，我对一些资深歌剧迷观剧时所感受到的无聊并无特别的见解；但我要提的是，2010 年，Benjamin Britten 在多伦多表演耗时颇久的 *Death in Venice* 时，一名激动的观众在幕布落下时大喊：“哈利路亚，我成功了！”

5. Pierre Bourdieu，*Distinction: A Social Critique of the Judgment of Taste*，Richard Nice 译（Cambridge，MA：Harvard University Press，1984）。

6. 关于拖延症，我还有很多要说的——我当然有，因为我在写书的时候没法做其他事情！参见我的“Meaning to Get To：Procrastination and the Art of Life”，*Queen's Quarterly* 109，no. 3（2002 年 秋 ）：363-81。

7. 最近的一些例子，显示了很多细微差别和不同的见解，可参看：Andrew Sullivan，“I Used to Be a Human Being”，*New York Magazine*，2016 年 9 月 18 日，http://nymag.com/selectall/2016/09/andrew-sullivan-my-distraction-sickness-and-yours.html；Michael Harris，*Solitude：A Singular Life in a Crowded World*（Toronto：Doubleday，2017）；Anthony Storr，*Solitude：A Return to the Self*（New York：New，2005）；Katrina Onstad，*The Weekend Effect：The Life-Changing Benefits of Taking Time Off and Challenging the Cult of Overwork*（Toronto：HarperCollins，2017）；Witold Rybczynski，*Waiting for the Weekend*（New York：Viking，1991）。
8. Mary Mann，*Yawn：Adventures in Boredom*（New York：FSG Originals，2017）。尽管 Mann 在她的副标题以及章节标题（例如“in a Cubicle with the Desert Fathers”和“Bored in Baghdad”）中注入了“冒险”的激昂语调，但她的思考涉及的知识背景较窄，实际上似乎也没得出什么有价值的结论。除了从纽约到堪萨斯城的旅行，以及从她的公寓到大学图书馆、性用品商店，或者当地的电影院，她似乎没有去过任何地方。她确实采访了各种各样的人物，从科学家到士兵——他们是那些在巴格达感到无聊的人——但这些人物就像幽灵一样，在只有一个演员表演的舞台幕布后来回走动。也许更不可避免的是，我们了解了她的抑郁症家族史、她的易怒，还有对她不忠的大学男友。（他感到无聊吗？）这本书是如此无情地私人化，却又如此缺乏启发性，以至于我忍不住要说，这本书唯一的理想读者是 Mary Mann 本人，或者是一个极度渴望成为她朋友的人。这些人可能存在，但我承认我不是其中之一。

9. 当然，事实并非如此。许多英国人（和加拿大人）喜欢说，美国人根本不能 “get” 讽刺。确切地说，美国人认为，你所讽刺事件的背景必须是清楚的——不允许有变化形态，换句话说就是，你不能对正在发生的事件进行讽刺。英国诗人 C. Day Lewis 用他创作一系列优秀的谋杀悬疑小说时所使用的笔名 Nicholas Blake 提出了这一点。侦探 Nigel Strangeways 正在访问一所美国大学（原型为哈佛大学），他对另一位健谈的爱尔兰人掌握社会习俗的能力感到惊讶："他已经适应了在 Nigel 看来是美国人交谈的一条基本规则——一个人可能是严肃的，也可能是轻浮的，但这两种特征绝不会出现在同一段话里。Nicholas Blake，*The Morning after Death*（New York：Harper & Row，1966），5。

10. E. H. Gombrich，"Pleasures of Boredom：Four Centuries of Doodles"，收录于 Gombrich，*The Uses of Images*（London：Phaidon，1999），212-25。

11. E. H. Gombrich，*The Sense of Order：A Study in the Psychology of Decorative Art*（London：Phaidon，1994）。

12. Theodor Adorno，*Minima Moralia：Reflections from a Damaged Life*，E. F. N. Jephcott 译（New York：Verso，1974），25。

13. Tom McDonough，*Boredom*（Cambridge，MA：MIT Press，2017）。这本书介绍了当代艺术家和作家对无聊的一系列令人信服的思考，通过巧妙的图形处理加以分解阐释。

14. Julian Jason Haladyn，*Boredom and Art：Passions of the Will to Boredom*（Alresford：Zero Books，2015）。

15. Susan Sontag，*As Consciousness Is Harnessed to Flesh：Journals and Notebooks，1964-1980*（New York：Farrar，Straus & Giroux，2012）；摘录自 Maria Popova，“Susan Sontag on the Creative Purpose of Boredom”，brainpickings，https://www.brainpickings.org/2012/10/26/susan-sontag-on-boredom/.
16. http://johncage.org/4_33.html.
17. Andy Warhol 和 Pat Hackett，*popism：The Warhol '60s*（New York：Hutchinson，1980），引用自 McDonough 的 *Boredom*，70。
18. Georges Perec，*An Attempt at Exhausting a Place in Paris*，Marc Lowenthal 译（Cambridge，MA：Wakefield，2010）。Perec 选择观察的十字路口是 Place Saint Sulpice，并从各种咖啡厅露台投入地观察。
19. The Invisible Committee，*The Coming Insurrection* [New York：Semiotext（e），2009]。
20. Manchette 最成功的小说是 *3 to Kill*，Donald Nicholson-Smith 译（San Francisco：City Lights，2002）；还有 *The Prone Gunman*，James Brook 译（San Francisco：City Lights，2002）。Ballard 的 *Super-Cannes*（London：Picador，2002）和 Houellebecq 的 *Elementary Particles*，Frank Wynne 译（New York：Vintage，2001），捕捉到了丰富的无聊和潜藏的、几乎不包含暴力的奇特组合。
21. 详见我的 *Nearest Thing to Heaven：The Empire State Building and American Dreams*（New Haven：Yale University Press，2006）。
22. Pandora Sykes，“The Rise of the Voice Note，by Pandora Sykes”，*Sunday Times*，2018 年 7 月 8 日，https://www.thetimes.co.uk/article/

the-rise-of-the-voice-note-by-pandora-sykes-25shns8rd.

23. Gardiner，“Multitude Strikes Back?”，45。

24. Nadia Kounang，“Watching Cute Cat Videos Is Instinctive and Good for You-Seriously”，CNN.com，2016 年 1 月 20 日，https://www.cnn.com/2016/01/20/health/your-brain-on-cute/index.html.

25. Gardiner，“Multitude Strikes Back?”，46。

26. 例如，见 Bruce O' Neill 的 *The Space of Boredom：Homelessness in the Slowing Global Order*（Durham，NC：Duke University Press，2017）。

27. Mark Kingwell，*Better Living：In Pursuit of Happiness from Plato to Prozac*（Toronto：Viking，1998）；也就是 *In Pursuit of Happiness*（New York：Crown，2000）。

28. Žižek，*Looking Awry*，69。

29. Louis Althusser，*The Future Lasts Forever*，Richard Veasey 译（New York：W.W. Norton，1993）。

30. Gilbert Adair，“Getting Away with Murder：It's the Talk of Paris”，*Independent*，1992 年 7 月 2 日，https://www.independent.co.uk/voices/getting-away-with-murder-its-the-talk-of-paris-how-louis-althusser-killed-his-wife-how-he-was-an-1530755.html.